INHALTSVERZEICHNIS

TILMAN ALLERT
 »Das Gesicht des Autos«...................... 7

BAS KAST
 »Über die lebenslange Lust an der Neugier« 17

GÜNER YASEMIN BALCI
 »Vom Recht auf ein selbstbestimmtes
 Leben«....................................... 55

MARTIN SEEL
 »Ist eine rein säkulare Gesellschaft denkbar?« .. 82

REINHARD LOSKE
 »Vom Wenden«............................... 105

MICHAEL PAUEN/HARALD WELZER
 »Dialektik der Autonomie«................... 131

NILS MINKMAR
 »Zeit ohne Zukunft« 154

BYUNG-CHUL HAN
 »Das Glatte« 159

STEFAN KLEIN
 »Durch die Augen einer Blinden« 179

AHMAD MANSOUR

»Nur die Spitze des Eisbergs?« 197

Anhang. 211

TILMAN ALLERT
»Das Gesicht des Autos«

Das Gesicht des Autos – Es ist kein Geheimnis, dass sich die deutsche Gesellschaft in ihrer wirtschaftlichen Leistungsfähigkeit wie im Selbstverständnis aller sozialen Milieus über das Mobilitätspotential, die technologische Raffinesse und das Komfortversprechen des Autos definiert. Dieser Umstand rechtfertigt den Versuch, den symbolischen Raum des Autos in der Moderne zu erschließen und dabei die Frontale der Karosserie in den Vordergrund zu rücken. Die Frage nach dem Gesicht des Autos schließt an beste hermeneutische Traditionen an. Kein Geringerer als Erwin Panofsky, Kunstwissenschaftler aus der Hamburger Warburgschule, Emigrant wie so viele, einer, der unseren Zugang zur Kultur der Renaissance erleichtert hat und dazu einer der geheimen Väter von Bourdieus Soziologie ist, er sei als prominenter Zeuge aufgerufen. Panofsky greift in einem seiner weniger bekannten Aufsätze über Renaissance-Adaptation im britischen Empire (»The Ideological Antecedents of the Rolls-Royce-Radiator«) das Palladio-Format vom Kühlergrill des Silver Shadow auf und entschlüsselt kulturgeschichtliche Voraussetzungen von dessen ästhetischer Attraktion.

Wie bei allen Gegenständen hermeneutischen Verstehens beginnen wir mit einer Phänomenologie. Die Metaphorik des Gesichts bestimmt den symbolischen Raum der ersten Begegnung. Beim Auto kommt die Dimension der Wiedererkennbarkeit hinzu, diejenigen Elemente im Gesicht, über die so etwas wie Markentreue oder Firmenkonsistenz initiiert wird, und schließlich lässt sich beides historisieren zum Wandel des Autogesichts: Die Dimensionen, auch das ganz kurz, sind selbstredend analytisch gedacht, empirisch übersetzt, ergänzen sie sich, überschneiden sich korrespondierend oder konfliktiv.

Bei Menschen rückt bekanntlich die Sprache in das Zentrum einer Grenzziehungsartikulation sowie der Überprüfung des Gegenübers, mit dem wir beim Durchschreiten des Raumes in Kollision geraten. Das Sprechen und die über Lautgebung erfolgende Artikulation unseres Standortes machen die Kontaktaufnahme bei aufrechterhaltener Raumdistanz oder doch zumindest Körperdistanz möglich. Das Gehen ermöglicht die Synchronisation mit dem gesamten sensorischen Arsenal: Geht das Gehen in einer Temposteigerung in Rennen über, so wird durch die erhöhte Atemfrequenz die Artikulationsfähigkeit der Sprache eingeschränkt, und darüber hinaus wird das motorische Potential der Raumdurchquerung schneller ausgelastet, allerdings um den Preis erhöhter Kollisionsgefahr.

Während wir im Gehen über die Möglichkeit einer begleitenden Situationswahrnehmung und Situationskontrolle verfügen, wahrgenommene Hindernisse relativ schnell in eine Veränderung unserer Motorik, beispielsweise durch Tempodrosselung, übersetzen können, während wir des Weiteren bei dieser Körpertechnik sensomotorisch, olfaktorisch, visuell und akustisch auf variierende Raumsituationen reagieren können, ändert sich die Art und Weise unseres Ortswechsels folgenreich beim Gebrauch von Artefakten. Überspringen wir solche Dinge wie Stelzen, Rollschuhe oder Skier, steigen wir gleich in das Auto. Unter den Artefakten ist das Auto in vielerlei Hinsicht interessant. So verführerisch es ist, David Riesman oder den eigensinnigen Geschwindigkeitsreflexionen eines Paul Virilio zu folgen, eine Kulturkritik des Autos ist nicht angesagt. Über die besonderen Bedingungen und die Sozialitätsform nachzudenken, in denen das Autofahren erfolgt, ist in sich spannend. Eigenartig genug, der »Autofahrer ist vollständig von einem außersozialen Objekt umgeben, von physischem Kontakt mit anderen abgeschlossen und doch völlig von ihnen abhängig und mit ihnen verknüpft. Der Verkehr ist ein Strom, in den er eintaucht, gewissermaßen ohne nass zu werden.« So weit David Riesman.

Autofahren wird grundlegend bestimmt über das Motiv der Raumdurchquerung und konfrontiert die Teilnehmer des Straßenverkehrs mit der Konkurrenz um die Raumnutzung – sie erzwingt einen erhöhten Kooperationsbedarf. Diese Bedingung des Autofahrens wird unterstrichen durch die im Riesman-Zitat erinnerte Einschränkung optischer und akustischer Möglichkeiten der direkten Kommunikation. Die besondere Handlungseinbettung Straßenverkehr erzwingt Abweichungen von der Urform des sozialen Kontakts, der Face-to-face-Interaktion, und verlagert den Schwerpunkt des Austauschs auf die Wahrnehmung und Interpretation von Zeichen. Das erhöht die Elastizität und Kurzfristigkeit des Austauschs und macht ihn zugleich extrem fragil, schließlich sind diejenigen, die ein derartiges Artefakt in Anspruch nehmen, in einem viel höheren Ausmaß Kollisionsgefahren ausgesetzt. Beim Autofahren begegnen sich Menschen in einer vereinbarten Fremdheit, und die Art und Weise der Partizipation am Straßenverkehr, die man als einen kontrollierten Nomadismus bezeichnen könnte, verleitet zu Devianzen, Abweichungen, die der Chance nur kurzfristiger Begegnungen entlehnt sind: Der Vagabund, der Abenteurer, der Provokateur sind als Verfallserscheinungen der Fahrermoral vertraut. Sie entstehen hingegen nicht zwingend mentalitätsbedingt,

»DAS GESICHT DES AUTOS« 9

sondern sind der Ausgangssituation Straßenverkehr geschuldet – von hier erklärt sich die hohe Rigidität der Verkehrsvorschriften. Sie übernehmen die Aufgabe, Mehrdeutigkeit auszuschließen; sich in der Kurzfristigkeit der Begegnung über Bedeutungen auszutauschen wäre umständlich, hochriskant, möglicherweise tödlich (denken wir an Szenen aus Filmen mit James Dean). Hohe Interaktionsdichte und eingeschränkte Interpretations- und Korrekturmöglichkeiten machen die Verkehrssituation zu einer gefährdungsträchtigen Erfahrungssituation, und das je mehr, je dichter der Verkehr in einem rein quantitativen Sinne wird.

Das Auto ist Teil einer Maske meines Auftritts, und der prominente Teil eines stillen Anspruchs auf Teilnahme am Austausch, am Verkehr, ist die Frontpartie – das Auto hat ein Gesicht. Zweifellos bildet der Kühlergrill dabei die prägnanteste Zone der Selbstmitteilung. Der Kühlergrill, in seiner Form technologisch erzwungen durch die Ventilation, die Luft, die dem Motor als Energiezentrum kühlend zuzuführen ist, versieht die Kommunikationsbereitschaft, die ja beim Autofahren auf die ebenso prägnante wie extrem flüchtige Präsenz beschränkt ist – allenfalls durch variierende und zugleich schnell wieder aufgelöste Distanzen wahrnehmbar –, im begrenzten Angebot der Modelle mit dem Signum der Wiedererkennbarkeit und einer ersten symbolisch aufgeladenen Geste. Der Kühlergrill rauscht als Drohung heran oder als eine Gefälligkeit, als Zurückhaltung oder als Verkniffenheit – der Kühlergrill ist somit der Gruß vor dem Gruß –, wie sich jedes Design kommunikationssoziologisch als Gruß vor dem Gruß darstellen lässt, als visuell artikulierter erster Eindruck, der Präsenz unterstreicht und bekräftigt.

Wie sehen wir das Auto? In der Regel in einer Dualität, auf unserer eigenen Seite fährt es vor uns, wir sehen es von hinten. Komplex wird die Wahrnehmung durch den Blick in den

Rückspiegel, über den die Verkehrssituation antizipierend kalkuliert werden kann. Hierbei und erst recht im zwingend gebotenen vorschauenden Blick auf die entgegenkommenden Fahrzeuge wird unsere Aufmerksamkeit sekundenschnell durch das Gesicht des Autos strukturiert. Weitaus tiefgründiger, als eine schlichte Analogiebildung nahelegt, sind es der Kühlergrill und die Stellung der Scheinwerfer, die das situativ, aber auch technologisch unterbundene Sprechen mimetisch substituieren. Wir reagieren unbewusst auf die Verhältnismäßigkeit von Mund- und Augenpartie, zwei Regionen des Gesichts, die auch in der Face-to-face-Kommunikation die Aufgabe übernehmen, blitzschnell die begleitenden Empfindungen zu markieren, letztlich das Gegenüber im Hinblick auf dessen Vertrauenswürdigkeit und insofern auf sein Handlungspotential einschätzen zu können.

Faszinierend genug, das ist beim Auto nicht anders, selbstredend mit dem entscheidenden Unterschied, dass wir es mit erstarrten Elementargesten zu tun haben, geronnenen Gesten des Auftritts, in die Frontseite der Karosserie übersetzt. Es handelt sich um eine Demonstration von Territorialansprüchen, und zwar jenseits der technologisch erzwungenen Aufgabe, über die Scheinwerfer die Raumorientierung tageslichtunabhängig zu ermöglichen und minimal Zuvorkommenheit, Warnung oder auch Dank zu signalisieren – Gesten jenseits der Funktion, die heißlaufende Maschine mit hinreichend Kühlluft zu versorgen und dabei zugleich den störungsanfälligen Binnenraum unter der schützenden Motorhaube vor dem Eindringen von Wasser oder Steinschlag zu schützen. Der Kühlergrill als zentrales Element der Frontalität übernimmt die Aufgabe, erste Eindrücke zu verbreiten, und als Ensemble von Assoziationen wird er zu dem Ornament, über das die relative Schönheit des Fahrzeugs nach außen kommuniziert wird. In seiner Gitterstruktur – davon wissen die Designer in den Autounternehmen ein Lied zu singen – wird der Grill spannungsreich in ein Verhältnis der a) Indifferenz oder b) Korrespondenz zu Stellung und Ausmaß, Fassung und Form von Frontscheibe, Scheinwerfer und Stoßstange gebracht. Was somit in der mehr als nur metaphorischen Auslegung des Anblicks das Gesicht des Autos entstehen lässt, sind Wechselwirkungen, die nur in Grenzen technologischen Erfordernissen genügen, die vielmehr stets auch inneren Stimmigkeitskriterien der Gestalt genügen. Ohne hier eine Systematik vorlegen zu wollen, gibt die in der großen Vielfalt der Gesichter zwischen den beiden Extremen zugespitzter Exzentrizität und scheuer Zurückhaltung eine Reihe von Ausdrucksformen frei: die Fratze, die lächelnde Einladung, die Drohung oder auch distante Zurückhaltung.

Der geronnene Geist der Front gewinnt an Tiefe, wenn wir die zweite Dimension hinzufügen, die angesichts der Markenkonkurrenz zwingend ist: Notwendig ist es, Wiedererkennbarkeit im Gesicht unterzubringen. Wenn wir auf der ersten phänomenologischen Ebene die Frontansicht eines Autos als erstarrte Geste interpretieren können, etwas, das markenübergreifend zu beobachten ist, das die Gestalt des Fahrzeugs ausmacht, so tritt mit dem Logo des Unternehmens eine Besonderheit hinzu, ein Ornament, das unter dem ökonomisch gebotenen Zwang zur Standardisierung der Modelle die Einzigartigkeit zu unterstreichen hat, gleichsam das Rouge des Fahrzeugs – auch dies mit der doppelten Aufgabe, Ansprüche auf situative Präsenz im knappen Raum zu markieren, zugleich für Minimalvergemeinschaftung zu sorgen, die dem Fahrzeugbesitzer das Gefühl vermittelt, sich richtig entschieden zu haben. Denken wir an die hohe Bedeutung der Logos gerade deutscher Autofirmen für das Kollektivgefühl der Nation, oder denken wir an die notorischen Kopfschmerzen des VW-Konzerns, der das Modell »Phaeton« deshalb nur mit

Mühen unter die Leute brachte, weil sich das VW-Symbol gegenüber dem Wunsch nach Oberklassen-Distinktion immer wieder als sperrig erweist.

Vom Gesicht ausgehend, im Logo kommentiert, werden latent Weichen gestellt für die Markentreue und für Identifikation, die sich vom Gegenstand, dem Artefakt Auto, entfernen und auf weitreichende kulturelle Traditionen, im Unbewussten bis auf Vorstellungen über National- oder Arbeitsstolz, ausgreifen. Dem französischen Strukturalisten Roland Barthes verdanken wir den Vergleich des Autos mit den großen gotischen Kathedralen. Er greift auf das Bild einer großen »Schöpfung der Epoche, die mit Leidenschaft von unbekannten Künstlern erdacht wurde und die in ihrem Bild, wenn nicht überhaupt von einem ganzen Volk benutzt wird, das sich in ihr ein magisches Objekt zurüstet und aneignet«, zurück. Fragt man nach dem Medium dieses wahrhaft magischen Verhältnisses, dem Kristallisationspunkt der hohen kulturellen Bedeutung, so stößt man jenseits der technischen Funktion, die Raumdurchquerung zu beschleunigen, auf die Frontalität des Autos, auf sein Gesicht.

Resümierend ein Blick auf den historischen Wandel: Schaut man sich die Modelle an, die auf Oldtimertreffen vorgeführt werden, so fällt auf, dass im Outfit der Fahrzeuge die Dekoration überwiegt – die angesprochenen Teile, Scheinwerfer, Kühlergrill, Stoßstange werden nicht unter das Diktat technologischer Erfordernisse gestellt.

Unter dem Gebot der Anpassung an die Aerodynamik, das wiederum auf die Knappheit der Energieressourcen reagiert, die die Reduktion des Benzinverbrauchs zum obersten Gebot werden lässt, verschwindet seit einiger Zeit die markante Besonderheit des Autogesichts unter einer integralen ästhetischen Konzeption, die dem Fahrzeug das Kantige nimmt und es markenunabhängig geschmeidig werden lässt. Diesen

Vorgang als einen gleichsam eigengesetzlichen Zwang zu deuten wäre schlechte Soziologie. Vielmehr unterliegt auch diese Inkorporierung früher einmal eigenständiger Teile in eine alles schluckende windschlüpfrige Schale einem ästhetischen Wandel, der durch kulturelle Dimensionen, durch Bedeutungszuschreibung vermittelt ist. Das Schicksal, das dem Auto hier widerfährt, lässt sich als Prätentionsverzicht bezeichnen. Folgt man einigen Zeitdeutungen, so kommt darin möglicherweise zum Ausdruck, dass das Auto seine Funktion als Statussymbol eingebüßt hat, zum fahrenden Arbeitsplatz avanciert und dabei in einer wesentlich kommunikationsmobilen Gesellschaft zunehmend symbolisch trivialisiert wird. Dies mag daran sichtbar werden, dass die Autofirmen, die in ihren Angeboten natürlich nach wie vor einem Distinktionszwang folgen, das Firmenlogo zunehmend grell und opulent in die Frontalität ihrer Modelle setzen. Verglichen mit früheren Autogesichtern, begegnen uns die Fahrzeuge der Gegenwart, die technologisch raffiniert den genannten Gestaltungszwängen gerecht werden, in veränderter Frontalität. Es ist das Blinzeln hinter der Schanze, in die sich das gut gepanzerte Fahrzeug verwandelt hat, die Scheinwerfer schrumpfen auf grelle Streifen zusammen, so als gelte es, mit dem Fahrzeug die Augen zuzukneifen. Das Design ist einheitlicher geworden, die frühere Unbekümmertheit gegenüber dem Luftwiderstand hat dem Gebot einer größeren Rücksicht auf die Knappheit der Ressourcen Platz gemacht. Unter dem übergreifend funktionalen Format scheinen es beinah nur die Gesichter vom Mini und dem Fiat 500 zu sein, die sich gegen die schwere Behäbigkeit der gepanzerten Limousinen behaupten, auffallen und – was im Einzelnen genauer zu erforschen wäre – natürlich vielen gefallen.

Wie die Kinder, die sich in riskanten Manövern unbekümmert und mit weiten, neugierigen statt verschlitzten Augen im

Straßenverkehr tummeln. Nicht unwahrscheinlich ist es, dass Archäologen und Kulturwissenschaftler, die dereinst in den Überresten der von uns zurückgelassenen Artefakte nach Bedeutung graben und in Forschungsprojekten über die Kulturbedeutsamkeit derartiger Technologien nachdenken werden, aus diesem Ensemble von Schwergewichtigkeit und quirliger Wendigkeit Schlüsse ziehen werden über die Raumwahrnehmung der Menschen hochmobiler Gesellschaften, über das Verhältnis von Vertrauen und Misstrauen in kontingenten Sozialsituationen wie dem Straßenverkehr.

Kommen wir vom Gesicht des Autos auf die Physiognomie der Fahrer. In seiner Abhandlung zur »Ästhetischen Bedeutung des Gesichts« heißt es bei dem Soziologen Georg Simmel: »Es gibt innerhalb der anschaulichen Welt kein Gebilde, das eine so große Mannigfaltigkeit an Formen und Flächen in eine so unbedingte Einheit des Sinnes zusammenfließen ließe, wie das menschliche Gesicht. Das Ideal menschlichen Zusammenwirkens: dass die äußerste Individualisierung der Elemente in eine äußere Einheit eingehe, die, aus den Elementen freilich bestehend, dennoch jenseits jedes einzelnen von ihnen und nur in ihrem Zusammenwirken liegt – diese fundamentale Formel des Lebens hat im Menschenantlitz ihre vollendetste Wirklichkeit innerhalb des Anschaulichen gewonnen.« Das Gesicht erscheint als der Schauplatz seelischer Prozesse und als ein Sinnbild einer unverwechselbaren Persönlichkeit, ja Einzigartigkeit, und dieses gesteigert dank der Tradition der Verhüllung des Leibes, die – wie Simmel ausführt – die ästhetische Privilegierung des Gesichts außerordentlich begünstigt. Der Sonderstellung des Gesichts kommt zweifellos der Umstand entgegen, dass wir mit der Symmetrie ein Gestaltungsmittel am Werk sehen, das gleichsam universal ist – genau genommen ist die Symmetrie der für das Gesicht grundlegenden Individualität gegenläufig: Es gibt zwei Gesichtshälften, die als solche in ihrer Verwiesenheit aufeinander eine Balance in die anschauliche Objektivation der Einzigartigkeit einführt, und, um Simmel noch einmal aufzugreifen, aus diesen Spannungselementen der Symmetrie und Besonderung entsteht die für die westliche Kultur bestimmende Idee, im Gesicht den »geometrischen Ort der inneren Persönlichkeit« zu verherrlichen – ungeachtet der symbolisch in der körperlichen Bewegung zum Ausdruck gebrachten Anmut des Gangs, der Bewegung von Armen und Beinen, des Schaukelns des Oberkörpers. Im Lichte einer derart herausgehobenen Stellung des menschlichen Gesichts erreicht das Gesicht des Autos natürlich nicht mehr als den Status eines allenfalls zur Ikone erstarrten Stils, in dem zeitgeistspezifische Darstellungsimpulse mit technologischen Erfordernissen kombiniert sind; angekündigte oder allenfalls demonstrative Individualität wäre das Äußerste, was man dem Gesicht des Autos zuschreiben würde. Wie in jeder Ausdrucksform menschlicher Sozialität ist es hingegen die Kommunikation, d. h. die Wechselwirkung der Akteure, das Geben und Nehmen im Sprechen, über das Individualität in ihrer Würde wechselseitig bewahrt wird. Um das zu genießen, muss man aussteigen.

BAS KAST

»Über die lebenslange Lust an der Neugier«

Kinder sind schöpferischer als Erwachsene – und umgekehrt

Folgende Geschichte wurde von dem britischen Pädagogen und Bildungsexperten Ken Robinson überliefert. Sie handelt von einem sechsjährigen Mädchen, das normalerweise dem Schulunterricht nicht viel Aufmerksamkeit schenkte. In der Zeichenstunde jedoch war dieses Mädchen ganz bei der Sache. Eines Tages saß es bereits seit mehr als 20 Minuten über ein Blatt Papier gebeugt, versunken in eine Zeichnung, vollkommen absorbiert von dem, was es tat. Irgendwann fragte die Lehrerin, was es denn da malen würde. »Ich male ein Bild von Gott«, sagte das Mädchen, ohne aufzusehen. Die Lehrerin staunte nicht schlecht und erwiderte: »Aber niemand weiß, wie Gott aussieht.« Woraufhin das Mädchen meinte: »Warten Sie einen Moment, gleich wissen Sie es.«[1]

Die Anekdote erinnert mich an jenes berühmte »Hummel-Paradox«. Das Paradox geht so: Eine durchschnittliche Hummel besitzt 0,7 Quadratzentimeter Flügelfläche und wiegt 1,2 Gramm. Den Gesetzen der Aerodynamik gemäß ist es angeblich unmöglich, bei diesem Zahlenverhältnis in die Luft abzuheben. Die Hummel weiß das nicht und fliegt trotzdem.

Die Hummel weiß nicht, was sie alles nicht kann. Sie fliegt einfach. Gerade weil Kinder noch nicht wissen, was alles nicht geht und was man nicht darf, malen sie spontan drauflos, wild, unbefangen, frei … sie malen Gott und die Welt, sie malen, erzählen und spielen jenseits aller die Kreativität einschränkenden Regeln und Konventionen.

Wie blass wir Erwachsenen dagegen aussehen! Haben Sie schon einmal Ihre Freunde oder Kollegen gefragt, ob sie sich für kreativ halten? Für gewöhnlich stößt man dabei auf verhaltene Reaktionen. Fragt man dann aber, wie das war, als sie noch ein Kind waren, sieht die Sache plötzlich ganz anders aus.

Jedes Kind ist ein Künstler, soll Picasso gesagt haben, die Herausforderung bestehe darin, ein Künstler zu bleiben, wenn man groß wird.[2] Und hatte Picasso nicht recht? Kinder sind so viel leichter für verrückte Ideen zu begeistern als Erwachsene. Kinder sind wahrscheinlich die neugierigsten Wesen, die es überhaupt gibt. Sie haben noch nicht gelernt, dass man unter Umständen als blöd gilt, wenn man naive Fragen stellt oder das Unmögliche versucht. Kinder sind für alles offen – nicht die schlechtesten Voraussetzungen für die Phantasie, für das Neue und die Kreativität.

Viele halten es mit Picasso und haben das Gefühl, dass sie als Kind noch diese unverfälschte Frische und Originalität besaßen, die ihnen dann aber aberzogen wurde durch langweiligen Unterricht, stupides Auswendiglernen, durch eine systematische »Verschulung« ihres Gehirns. Womöglich also kommt es nicht darauf an, Kreativität explizit zu fördern, sondern darauf, die in uns angelegte Kreativität bloß nicht durch allzu viel Bildung zu ersticken? Schadet Wissen dem Einfallsreichtum? Wie verhalten sich Neugier und Lernen zueinander? Geht das eine zwangsläufig auf Kosten des anderen? Das ist das Thema dieses Kapitels.

Vorweg muss man eine wichtige Unterscheidung treffen: Das Originelle und das Kreative sind zwar eng verwandt, sie sind aber nicht identisch. Mag sein, dass ein Kind auf die Idee kommen kann, Gott zu malen, und es mag dabei auch etwas Ungewöhnliches herauskommen. Und doch hat noch nie ein Grundschullehrer beobachtet, wie einer seiner Schützlinge etwas zu Papier bringt, das auch nur im Entferntesten an *Die Erschaffung Adams* erinnert.

Klar, auch die allermeisten Erwachsenen sind nicht in der Lage, die Deckenfresken der Sixtinischen Kapelle zu malen. So leicht aber ist der Einwand nicht von der Hand zu weisen. Selbst Michelangelo musste ja erst mal erwachsen werden, um *Die Erschaffung Adams* hinzubekommen (er war Mitte 30, als er damit anfing, davor hatte er schon als Kind in Florenz »jede freie Minute« mit dem Zeichnen verbracht, hatte ständig den Umgang mit Malern gesucht, und als 13-jähriger Knabe war er, statt die Schulbank zu drücken, von dem Freskospezialisten Domenico Ghirlandaio im Malen unterrichtet worden[3]). Was also fehlte dem großen Michelangelo als kleiner Junge? Was hält Kinder, bei aller Originalität, die sie an den Tag legen, davon ab, kreative Meisterwerke zu schaffen?

Die Antwort klingt zunächst denkbar simpel, führt uns aber einen zentralen Aspekt dessen vor Augen, was Kreativität, vor allem hohe Kreativität, im Kern ausmacht. Außerdem gibt sie uns einen Hinweis darauf, warum kreative Meisterwerke etwas Seltenes sind: Für Kreativität müssen zwei Komponenten zusammenkommen, die sich üblicherweise nicht gut miteinander vertragen.

Was die erste Zutat betrifft, sind Kinder unschlagbar. Kinder sind an Originalität kaum zu überbieten. Sie haben diese durch und durch spielerische Art, auf die Welt zuzugehen. Ihre Phantasie kennt keine Grenzen. Was ihnen dagegen weitgehend fehlt – wohlgemerkt, für hohe Kreativität, wie sie generell definiert wird und wie ich den Begriff hier verwende –, ist jene zweite Komponente, die mit Kenntnissen, Fertigkeiten und Erfahrung zu tun hat. Eine wahrhaft kreative Schöpfung ist eben nicht nur ungewöhnlich, neu oder originell.

Wer sich jeden Morgen, bevor er das Haus verlässt, einen siebeneckigen, mintgrünen Hut mit roten Sternchen auf den Kopf setzt, der beweist zweifellos eine Neigung zur Unkonventionalität. Wahrscheinlich handelt es sich bei der farbenfrohen Kopfbedeckung um etwas historisch Einmaliges, sie ist durchaus originell. Sie ist aber, folgt man der strengen Zweikomponentendefinition, nicht sonderlich kreativ. Anders ausgedrückt: Das fertige Gottesbild des sechsjährigen Mädchens will, von den Eltern abgesehen, die ganz vernarrt sind in das Kunstwerk, vermutlich niemand an die Wand hängen, es wird nie seinen Platz in einer angesehenen Galerie finden, nie versteigert werden oder in einem Katalog auftauchen. Dazu bedarf es einer gewissen Qualität, die man nur erreicht, indem man das jeweilige Handwerk lernt, was Jahre dauert.

Zahlreiche Beobachtungen und Studien[4] in diesem Zusammenhang sprechen für jene »Zehnjahresregel«, nach der man sich mehr oder weniger zehn Jahre in ein Feld vertiefen und ganz und gar damit vertraut werden muss, um es auf dem Gebiet, sei es nun Malerei, Mathematik oder Popmusik, zu einer kreativen Höchstleistung zu bringen. Um etwas objektiv Neues von Wert hervorzubringen, muss man sich ja unter anderem erst einmal einen Überblick darüber verschaffen, was es alles schon gibt und was nicht. Welche Stile sind längst durchgenudelt? Welche Fragen sind noch nicht gelöst, prinzipiell aber lösbar? Was liegt, mit dem derzeitigen Wissen und den derzeitigen Techniken, im Bereich des Möglichen, auch wenn sich bislang noch kaum jemand daran versucht hat?

Wer auf hohem Niveau schöpferisch tätig sein will, muss sich zum Experten machen, er muss seine Fähigkeiten ausbauen, trainieren, perfektionieren, und das braucht Zeit. Ein (zugegeben eher hochgegriffenes) Beispiel: Im Jahr 1895 stellte sich Albert Einstein als 16-jähriger Junge in einem Tagtraum vor, wie es sein würde, auf einem Lichtstrahl zu reiten. Und wann fand er eine für ihn einigermaßen zufriedenstellende Antwort? Richtig, im Jahr 1905, mit seiner speziellen Relativitätstheorie. Zehn Jahre später.[5]

Auf diese »Zehnjahresregel« stößt man beim Werdegang hochkreativer Menschen auffallend häufig, egal, ob man den Werdegang der Beatles, den von Weltklasseviolinistinnen oder internationalen Schachmeistern analysiert.[6] Die Zahl 10 ist dabei »nur« eine Durchschnittsziffer, eine grobe Richtschnur.[7] Das Entscheidende ist: Es gibt so gut wie keine Spitzenleistung, auch keine kreative, die ohne intensives Üben, einfach so, spontan hervorgebracht wurde. Wir mögen Kreativität mit kindlicher Spontanität in Verbindung bringen – gerade in ihrer höchsten Ausprägung jedoch ist sie letztlich stets das Resultat von langjähriger Arbeit.

Das Gesetz der Übung trifft sogar auf den Inbegriff des Kindergenies zu, Wolfgang Amadeus Mozart. Mozart hat bekanntermaßen schon als kleiner Junge mit dem Komponieren angefangen. Wie allerdings eine Analyse der Handschriften ergeben hat, stammen wohl viele dieser frühen Kompositionen teilweise oder vollständig vom Vater. Leopold Mozart übrigens war nicht nur selbst Komponist und lange Vizekapellmeister in Salzburg, sondern auch ein ehrgeiziger Musiklehrer und Verfasser eines Buchs mit dem Titel *Gründliche Violinschule* – eines der ersten Bücher zum Thema Violinunterricht überhaupt. Mozart hatte nun wahrlich ein Gespür für Noten, mindestens ebenso erstaunlich aber war, dass man ihn nicht zum Üben zwingen musste (dass er sich damit die Zuneigung seines Vaters erarbeitete, spielte freilich eine große Rolle). Schon mit drei, vier Jahren verbrachte er »endlose Stunden am Klavier«.[8] Das Klavier war sein Spielplatz, von dem man ihn abends wegzerren musste. Und doch, bei aller Begabung,

Übung und dem wohl besten Privatunterricht, den man sich vorstellen kann: Als erstes eigenständiges Meisterwerk gilt, so manchem Experten zufolge, Mozarts Klavierkonzert Nr. 9 in Es-Dur, KV 271, auch »Jeunehomme« genannt. Mozart schrieb dieses Stück im Jahr 1777. Er war damals 21 Jahre alt.[9]

Um es zusammenzufassen: Eine schöpferische Leistung von »objektiv« hohem Wert ist unmöglich ohne mühsam eingeübte Fähigkeiten und ohne Ansammlung eines gehörigen Wissens- und Erfahrungsschatzes. Genau das ist die Zutat, die Kindern natürlicherweise fehlt.

Umgekehrt fehlt uns Erwachsenen meist ebenfalls etwas. Obwohl praktisch jeder von uns als Kind diese schöpferische Ader besitzt, gibt es am Ende nur eine Handvoll Michelangelos, Mozarts und Einsteins. Warum? Eigentlich müssten wir uns mit dem ganzen Üben und Lernen im Laufe unseres Lebens doch immer mehr den optimalen Voraussetzungen für kreative Höchstleistungen nähern? Gepaart mit unserer ursprünglichen Originalität, müssten wir als Erwachsene so gut wie alle, jedenfalls weit häufiger, als man in der Praxis beobachtet, zu Meisterwerken in der Lage sein. Warum ist das nicht der Fall? Wieso bleibt der Künstler in uns mit den Jahren auf der Strecke?

Eine Antwort ist: weil sich jene beiden ausschlaggebenden Zutaten, die für hohe Kreativität nötig sind, zueinander verhalten wie Wasser zu Feuer. Es sind Gegenspieler. Je mehr Wissen wir ansammeln, desto mehr wird unsere brennende Neugierde von ebendiesem erlangten Wissen gelöscht. Erwachsenwerden heißt aus dieser Sicht: zugleich wissender und fähiger *und* weniger hungrig werden. Die Erfahrungen, die wir machen, sättigen uns, wie eine Mahlzeit den Hunger stillt. Wer Bescheid weiß, muss die Welt nicht mehr erforschen, er muss nicht mehr experimentieren. Er kann sich auf seine bewährten Schemata verlassen.

Auch die Phantasie leidet: Als Kind füllen wir die unerklärliche Wirklichkeit noch an allen Ecken und Enden mit den wildesten Vorstellungen aus (so *könnten* die Dinge sein), aber an die Stelle von Phantasie treten Fakten (so *sind* die Dinge). Und das Sich-Wundern und Fragen nimmt allmählich ab oder hört ganz auf: Wer Antworten hat, muss sich nicht mehr wundern. Er muss nicht mehr andauernd naiv fragen, er *ist* nicht mehr naiv.

Doch selbst wenn dieser Entwicklungsverlauf typisch sein mag – es geht auch anders. Einstein hat einmal, nicht ohne die ihm eigene Ironie, versucht, das Geheimnis seiner Kreativität zu deuten. »Wenn ich mich frage, woher es kommt, dass gerade ich die Relativitätstheorie aufgestellt habe«, sagte Einstein, »so scheint es an folgendem Umstand zu liegen: Der normale Erwachsene denkt über die Raum-Zeit-Probleme kaum nach. Das hat er nach seiner Meinung bereits als Kind getan. Ich hingegen habe mich geistig derart langsam entwickelt, dass ich erst als Erwachsener anfing, mich über Raum und Zeit zu wundern. Naturgemäß bin ich dann tiefer in die Problematik eingedrungen als die normal veranlagten Kinder.«[10]

Natürlich widerspricht man Albert Einstein ungern, es ist jedoch belegt, dass gerade er ein neugieriges Kind war, das sich mindestens ebenso wunderte wie alle anderen Kinder auch.[11] Vor allem gibt es keine ernstzunehmenden Anhaltspunkte dafür, dass er sich langsam entwickelt hätte. Entgegen einer hartnäckigen Legende zum Beispiel war Einstein kein Sitzenbleiber und Schulversager, er war, im Gegenteil, ein ausgezeichneter Schüler – dazu an dieser Stelle nur ein Satz seiner Mutter aus der Zeit, als Einstein sieben Jahre alt war: »Gestern bekam Albert seine Noten, er war wieder der Erste, er bekam ein glänzendes Zeugnis.«[12] Worauf Einstein somit augenzwinkernd hinzudeuten scheint, ist, dass sein Staunen auch beim

Erwachsenwerden, beim Anhäufen von Wissen *nicht nachließ*. Er stellte als Erwachsener, als Experte weiterhin »naive« Fragen. In der Hinsicht blieb er zeitlebens ein Kind.

Da er aber ein erwachsenes Kind war, befand sich Einstein in einem grundlegenden Vorteil: Er misstraute den Antworten, die ihm die Welt gab. Er war in der Lage, die Antworten selbst herauszufinden. Er machte sich zum Experten, behielt dabei aber seine lebhafte Phantasie: Auch wenn die Fachwelt ihm sagte, die Dinge seien so und so, konnte er sie sich immer noch anders vorstellen – was nicht nur für sein Vorstellungsvermögen, sondern auch für ein beachtliches Zutrauen in die eigene Urteilskraft spricht.

Warum tickte Einstein so? Und warum geht es nicht jedem so? Wie kommt es, dass einige es schaffen, beim Lernen die kindliche Naivität, das kindliche Staunen nicht zu verlieren? Wie gelingt es manchen, das Beste von beiden Welten, von Kinder- und Erwachsenenwelt, zu vereinen? Wie könnte man Wissen und Fähigkeiten ansammeln *und* neugierig und spielerisch bleiben? Kurz: Wie könnte man jene ursprüngliche Originalität beim Großwerden beibehalten?

Wie wir sehen werden, haben dauerhafte Neugierde, Experimentierfreude und Offenheit zwar vielleicht nicht ausschließlich, aber wahrscheinlich maßgeblich auch damit zu tun, *wie* man uns die erforderlichen Fähigkeiten und das nötige Wissen als Kind, Jugendlicher und auch später noch als Erwachsener vermittelt – egal, ob in oder außerhalb der Schule.

Vom Schüler zum Entdecker:
Weniger Pädagogik ist mehr

Wie weckt man den Entdeckergeist eines Kindes? Oder besser gesagt, wie sorgt man dafür, dass dieser nicht vorzeitig verlorengeht? Eine erste aufschlussreiche Erkenntnis dazu ist folgende: Eine Prise weniger Pädagogik bewirkt oft mehr. Ich sage das nicht, um zu provozieren, und schon gar nicht, um mich hier an jenem beliebten Volkssport namens Lehrer-Bashing zu beteiligen, sondern einzig und allein aus dem Grund, weil es dafür einige neue, überzeugende Befunde gibt.

Einer dieser Befunde stammt aus einem Forschungslabor des Massachusetts Institute of Technology (MIT) im amerikanischen Cambridge. Dort haben die Kognitionsexpertin Laura Schulz, ihre Studentin Elizabeth Bonawitz und deren Kollegen kürzlich einen einfachen und doch eindrucksvollen Versuch mit einer Gruppe von über 80 Kindern im Alter zwischen vier und sechs Jahren gemacht.

Das Experiment, das in einer ruhigen Ecke eines Wissenschaftsmuseums stattfand, ging so: Die Kinder bekamen ein eigens für den Versuch gebasteltes Spielzeug angeboten, das aus vier bunten Plastikröhren bestand. Jedes Rohr barg, wie ein kleines Geschenk, eine Überraschung. Ein gelbes Rohr etwa gab, sobald man daran zog, ein Geräusch von sich. In einem anderen Rohr war ein Spiegel versteckt, im nächsten befand sich ein Lichtschalter usw. Das Spielzeug verfügte also über lauter Eigenschaften oder Funktionen, die man entdecken konnte – oder auch nicht.

Wie so oft gab es, bevor es zum eigentlichen Test kam, unterschiedliche Aufwärmbedingungen. Eine Kindergruppe bekam das Spielzeug nach guter alter Pädagogikmanier präsentiert. Die Versuchsleiterin zeigte dem Kind das Spielzeug und sagte: »Schau dir mein Spielzeug an. Ich zeig dir jetzt, wie

»ÜBER DIE LEBENSLANGE LUST AN DER NEUGIER«

mein Spielzeug funktioniert. Pass auf!« Und dann zog sie an dem gelben Rohr, und das Spielzeug gab ein Geräusch von sich. »Wow, siehst du?«, sagte die Versuchsleiterin dann. »So funktioniert mein Spielzeug!«

In einer anderen (der »naiven«) Versuchsvariante spielte die Leiterin die Unwissende und sagte: »Ich hab hier gerade ein Spielzeug gefunden. Siehst du?« Auch jetzt zog sie an dem gelben Rohr, aber so, als sei es ein Versehen, und als dann das Geräusch ertönte, tat sie, als sei sie völlig überrascht: »Oh!«, rief sie aus. »Hast du das gehört?«

Anschließend bekamen alle Kinder das Spielzeug in die Hand gedrückt, und die Wissenschaftler beobachteten, wie sich die Kinder verhielten. Sie filmten die Kleinen sogar, um die Videoaufnahmen später von zwei unabhängigen Beobachtern auswerten zu lassen.

Alle Kinder, zeigte diese Auswertung, spielten munter drauflos. Alle zogen natürlich erst mal an dem gelben Rohr, um die lustigen Geräusche hervorzubringen. So weit, so gut.

Nach und nach jedoch offenbarten sich einige bemerkenswerte Unterschiede zwischen den Kindern. Jene aus der zweiten, »naiven« Gruppe beschäftigten sich nicht nur deutlich länger mit dem Spielzeug – sie entdeckten dabei auch mehr von dessen Eigenschaften. Es war, als hätte die pädagogische Einführung den Erkundungsdrang der Kinder gehemmt, während die Kinder der naiven Versuchsvariante sich erheblich neugieriger und experimentierfreudiger verhielten. Die Folge war, dass sie mehr Funktionen des Spielzeugs aufspürten.

Die Forscher erklären sich das überraschende Phänomen folgendermaßen. Kinder, behaupten sie, sind rationalere Wesen, als wir meinen. Wenn ich ein Kind bin und einen Erwachsenen beobachte, der sich wie ein Lehrer benimmt, wie jemand, der Bescheid weiß, dann nehme ich automatisch die

Rolle des Schülers ein. Demonstriert mir der Lehrer die Funktion eines Spielzeugs und sonst nichts, kann ich getrost davon ausgehen, dass es sich dabei um den einzig wissenswerten Aspekt handelt. Warum sollte eine dermaßen informierte Person mir bei der Demonstration seines Spielzeugs willentlich wichtige Informationen vorenthalten? Besäße das Spielzeug weitere tolle Eigenschaften, der Lehrer hätte sie mir ja wohl gezeigt. Anders gesagt: Sobald ein Kind den Eindruck hat, dass eine kenntnisreiche Person explizit auf etwas hinweist, dann wird es sich dieses explizite Etwas merken und die Sache abhaken, was ja auch effizient ist – jetzt kann es sich der nächsten Sache zuwenden.

Wenn Sie dem Kind stattdessen das Gefühl vermitteln, dass auch Sie nicht hundertprozentig im Bilde sind, signalisieren Sie ihm, dass es sich lohnen könnte, die Sache selbst noch einmal genauer unter die Lupe zu nehmen: Was ist das für ein Rätselobjekt? Der Erwachsene scheint nicht allwissend zu sein, und das ist spannend: Es lässt offen, was das Spielzeug – die Welt – alles zu bieten hat (es könnten sich noch eine Menge weiterer ungeahnter, ungeborgener Schätze darin verbergen). So wird das Kind von einem Schüler zu einem Entdecker.[13]

Das Experiment der MIT-Forscherinnen ist noch relativ neu, und doch gibt es bereits einige Studien, die das Ergebnis bestätigen.[14] In einem Versuch aus einem Labor an der Universität von Kalifornien in Berkeley ging man selbst noch einen kleinen Schritt weiter.

Wieder waren die Kinder um die vier Jahre alt, wieder drehte sich die Sache um ein Spielzeug, das auch diesmal Geräusche von sich gab, allerdings in Form von Musik. Die Versuchsleiterin hantierte vor den Augen der Kinder ein bisschen mit dem Spielzeug herum und zeigte ihnen dabei nacheinander unterschiedliche Aktionen, die aus drei aufeinanderfolgenden Schritten bestanden und von denen manche Musik auslösten. Beispielsweise quetschte sie erst das Spielzeug zusammen, danach drückte sie oben auf das Spielzeug, um schließlich an einem Ring zu ziehen, der sich an der Seite des Spielzeugs befand, woraufhin die Musik ertönte. Nach dieser Demonstration führte sie den Kindern noch einige andere Handlungssequenzen vor, immer drei nacheinander, wobei das Spielzeug entweder Musik von sich gab oder nicht.

Der Clou war: Tatsächlich bedurfte es nur *zweier* Handlungen, um das Spielzeug zum Musizieren zu bringen. Jede Handlungsabfolge, die damit endete, dass man oben auf das Spielzeug drückte und dann an dem seitlichen Ring zog, erzeugte das gewünschte Gedudel. Es reichten also exakt diese beiden Handlungen in exakt dieser Reihenfolge, obwohl die Versuchsleiterin den Kindern nie nur diese zwei, sondern stets drei Handlungen zeigte.

Auch in diesem Experiment gab es eine pädagogische und eine naive Aufwärmphase. In der pädagogischen Variante verhielt sich die Versuchsleiterin abermals wie eine klassische Lehrerin und sagte: »Ich zeig dir jetzt, wie mein Spielzeug funktioniert.« In der anderen spielte sie die Naive und sagte: »Wow, guck dir das Spielzeug an, ich frage mich, wie es funktionieren könnte. Ich probier einfach mal was –« Und wenn das Spielzeug dann nach einer bestimmten Handlungsabfolge Musik von sich gab, tat sie, wie gehabt, total überrascht (»Hey! Es hat Musik gespielt!«), und wenn nicht, war sie sichtlich enttäuscht (»Oh, nichts passiert –«).

Nach einer dieser Einführungen überreichte man den Kindern das Spielzeug mit der Aufforderung, es zum Musizieren zu bringen, was auch allen Kindern gelang. Die Jackpotfrage aber war natürlich: Würden die Kinder durchschauen, dass man nur zwei Handlungen brauchte, um die Musik hervorzubringen? Würden sie die effizienteste »Lösung« (oben drü-

28   BAS KAST

cken, Ring ziehen) finden, auch wenn ihnen diese so nie gezeigt worden war?

Das Resultat war eindeutig: In der naiven Gruppe fand gut ein Viertel der Kinder den kürzesten Weg zur Musik. Und wie viele Kinder aus der pädagogischen Gruppe, meinen Sie, spürten diese Lösung auf? Die Antwort lautet: kein einziges. Die pädagogische Instruktion hatte zur Folge, dass die Kinder erst gar nicht nach neuen Lösungen suchten. Stattdessen imitierten sie artig, was ihnen die Lehrerin vorgeführt hatte. Und wieso auch nicht? Offensichtlich wusste die Lehrerin ja bestens Bescheid. Warum also sollte man sich die – vermutlich vergebliche – Mühe machen, das Spielzeug von oben bis unten zu untersuchen? Ein solches Unterfangen würde sich wahrscheinlich gar nicht auszahlen. Die gutgemeinte Instruktion der Lehrerin hatte den Entdeckergeist der Kinder bereits im Keim erstickt.[15]

Feynmans Vater oder
Eine Erziehung zu eigenständigem Denken

Das 20. Jahrhundert hat bekanntlich eine Menge origineller und exzentrischer Physiker hervorgebracht. Einer der originellsten und exzentrischsten von ihnen war Richard Feynman.

Der Öffentlichkeit präsentierte sich Feynman gern als bongotrommelnder Naturbursche, der den Nobelpreis, den man ihm 1965 verliehen hatte, als überflüssig, ja lästig empfand und der komplexe mathematische Gleichungen am liebsten in Stripclubs löste, wo er sich besonders gut konzentrieren konnte (oder ahnte er, dass kreatives Denken von attraktiver Zerstreuung profitiert?). »Halb Genie, halb Clown« – so beschrieb ihn sein Kollege Freeman Dyson eine Woche nachdem er Feynman kennengelernt hatte.[16]

Noch im Alter wirkte Feynman wie ein vergnügter Junge, spielerisch und offen, zugleich jedoch ausgestattet mit einem messerscharfen, vollkommen unabhängigen Verstand. »Er war der originellste Geist seiner Generation«, meinte Dyson überschwänglich.[17]

»Jene, die versuchten, Feynmans Besonderheit zu erfassen, kamen letztendlich stets auf seine Originalität zu sprechen«, urteilt sein Biograph James Gleick. »Wenn sich überhaupt etwas Grundsätzliches feststellen ließ, so war es seine hartnäckige und gefährliche Neigung, Standardmethoden zu missachten.«[18] Feynmans Lust und Drang, neue Wege zu gehen, führten ihn oft in Sackgassen, eröffneten ihm aber auch unbekannte Pfade, die sich sonst keiner einzuschlagen wagte.

Als er Ende der 1940er Jahre an der Cornell University im US-Staat New York tätig war, beobachtete Feynman eines Tages in der Cafeteria, wie ein Student einen Teller in die Luft warf. Am Rand des Tellers befand sich ein Emblem der Universität. Während sich der Teller drehte und drehte, eierte er auch, und dank des Emblems konnte Feynman leicht erkennen, dass es einen Zusammenhang zwischen beiden Bewegungen gab: Der Teller drehte etwa doppelt so schnell, wie er eierte.

Aus reiner Neugierde und schierem Vergnügen griff Feynman zu Papier und Bleistift und fing an zu rechnen. Versuchte, mit Hilfe von Newtons Gesetzen zu klären, wie sich das Drehen und Eiern des Tellers genau zueinander verhielten. Später am Tag ging er, von seinen Ergebnissen begeistert, zu seinem Chef und Kollegen Hans Bethe und erzählte ihm von der Sache.

»Aber was ist daran so wichtig?«, fragte Bethe ihn.

Feynman kapierte nicht ganz. Das sei doch ziemlich egal, erwiderte er: »Macht es nicht einfach Spaß?«[19]

Feynman jedenfalls ging das Faszinosum nicht mehr aus

30 BAS KAST

dem Kopf. »Ich entspannte mich und fing an zu spielen«[20] – die Teller-Szene regte ihn dazu an, über die Rotation (genauer: den »Spin«) des Elektrons nachzudenken, was ihn wiederum zu seinem Arbeitsschwerpunkt, der »Quantenelektrodynamik«, führte und von dort, in recht kurzer Zeit, zu den Durchbrüchen, für die er später den Nobelpreis erhalten sollte. Feynman bekam den Nobelpreis nicht zuletzt für hartnäckiges Spielen. Dafür, dass er einfach nur seiner Neugierde gefolgt war, nachdem er in der Cafeteria etwas so Unscheinbares wie einen sich drehenden Teller beobachtet hatte.

Danach gefragt, woher diese spielerische Neugierde in ihm rührte, kam Feynman stets auf die gleiche Quelle zu sprechen: seinen Vater Melville. Melville Feynman, ein Kind russischer Einwanderer, war im Uniformgeschäft tätig gewesen, obwohl er das, wofür Uniformen standen – offizielles Gebaren, Obrigkeit, Statusansprüche – hasste. Er liebte die Wissenschaft, hatte aber selbst kein Geld für ein Studium gehabt. Da sollte es seinem Sohn einmal anders gehen.

Gewissermaßen als lockere Vorbereitung dazu hatte er, Melville, seinen Jungen in den Sommerferien öfters mit in den Wald genommen, wo die beiden wissenschaftlich-philosophisch angereicherte Spaziergänge machten. Einmal spielte Richard mit einem anderen Kind draußen auf einem Feld, als der Bursche ihn fragte: »Siehst du den Vogel da? Was für ein Vogel ist das?« Richard sah sich den Vogel an und sagte, er habe nicht die leiseste Ahnung. »Das ist eine Wacholderdrossel«, entgegnete der Junge. »Dein Vater bringt dir auch rein gar nichts bei!« Aber – wie Richard Feynman die Geschichte an dieser Stelle genüsslich fortzusetzen pflegte – das Gegenteil war der Fall.

So hatte sein Vater bei einem ihrer Waldspaziergänge einst auf einen Vogel gezeigt und etwas in der Art gesagt, wie: »Siehst du den Vogel dort? Das ist eine Spencer-Grasmücke.«

(Einen Namen, den er sich an Ort und Stelle ausgedacht hatte.) »Nun, auf Italienisch heißt er *Chutto Lapittida*, auf Portugiesisch *Bom da Peida*, auf Chinesisch *Chung-long-tah* und auf Japanisch *Katano Tekeda*.« Und dann hatte er seinem Sohn erklärt: Du kannst den Namen des Vogels in allen Sprachen der Welt aufzählen und hast am Ende doch nicht das Geringste über den Vogel gelernt. »Du weißt nur etwas über die Menschen an den verschiedenen Orten und wie sie den Vogel nennen.«

»So lernte ich sehr früh den Unterschied zwischen bloßer Kenntnis des Namens und wirklicher Kenntnis«, meinte Feynman später. Und statt sich weiter mit Schall und Rauch zu beschäftigen, regte sein Vater ihn dazu an, das Verhalten der Tiere zu beobachten. Beispielsweise zeigte er auf einen Vogel und fragte: »Siehst du, wie er herumhüpft und an seinem Gefieder herumpickt?« Sobald Richards Interesse geweckt war, forderte der Vater ihn auf, über eine Erklärung nachzudenken: »Warum, glaubst du, machen die Vögel das?«

»Vielleicht«, antwortete Richard, »weil die Federn beim Fliegen durcheinandergeraten sind und die Vögel sie wieder zurechtzupfen müssen.«

»Gut«, meinte der Vater. »Wenn das der Fall wäre, müssten sie unmittelbar nach jedem Flug besonders eifrig picken. Und würden dann, sobald sie eine Weile am Boden waren, nicht mehr so viel picken – du verstehst, was ich meine?«

Der kleine Feynman verstand, woraufhin aber der Vater ihm keine weiteren Antworten und Erklärungen gab, sondern ihn dazu animierte, seine Vermutung durch eigene Beobachtung zu überprüfen: Nicht der Vater und auch keine sonstige Autorität, sondern die Natur selbst sollte die erste Anlaufstelle bei der Suche nach Antworten sein. (Am Ende erwies sich Richards Hypothese als falsch, und erst da verriet ihm sein Vater den Grund: Die Vögel pickten an ihrem Gefieder, weil sie

32   BAS KAST

von Läusen gepiesackt wurden, die sich von Eiweißflöckchen an den Federn ernährten.)

»Damals«, hat Richard Feynman Jahrzehnte nach diesen gemeinsamen Waldspaziergängen einmal gesagt, »begriff ich, was Wissenschaft ist. Es bedeutet: Geduld zu haben. Sieht man genau hin und beobachtet und passt auf, dann bekommt man dafür eine großartige Belohnung (wenn auch vielleicht nicht jedes Mal). Die Folge dessen war, dass ich mich als Erwachsener ungeheuer gewissenhaft Jahre hindurch Stunde um Stunde mit bestimmten Problemen beschäftigte – manchmal jahrelang, manchmal nicht ganz so lange. Oft hatte ich keinen Erfolg, und eine Menge wanderte in den Papierkorb. Doch hin und wieder fand ich das Goldstück einer neuen Erkenntnis als Ergebnis von Beobachtung. Als Kind hatte ich gelernt, damit zu rechnen – ich hatte nicht gelernt, dass Beobachten nicht der Mühe wert ist.«[21]

Was einem verraten wird, kann man nicht mehr selbst herausfinden

Feynmans Erinnerungen an seinen Vater sind auch deshalb interessant und lehrreich, weil sie uns exemplarisch an einen fundamentalen Pädagogenstreit heranführen, der nicht zuletzt mit Blick auf das Thema Kreativität und Erziehung von Bedeutung ist. Der Streit handelt von der Frage, wie man Kindern (auch Studenten, im Prinzip jedem, der etwas lernen soll oder will) am besten etwas beibringt: Soll man ihnen die Dinge direkt zeigen und erklären, oder ist es wirksamer, sie die Sachen selbst entdecken zu lassen?

Dazu ein Vergleich: Ein Geschenk bezieht seinen Reiz bekanntermaßen aus dem Umstand, dass es verpackt ist und der Beschenkte nicht weiß, was sich unter der Verpackung ver-

»ÜBER DIE LEBENSLANGE LUST AN DER NEUGIER« 33

birgt. Würden wir herausposaunen, was drinsteckt, der Reiz wäre sofort dahin. Wir hätten das Geschenk genauso gut nicht einzupacken brauchen. Die Verpackung ist dazu da, die Neugierde zu wecken. Der Beschenkte soll raten, womit wir ihn hier zu überraschen versuchen. Er soll Vermutungen anstellen, Hypothesen generieren, und sei es nur im Stillen in seinem Kopf.

Wenn ein Kind eine Frage stellt, besteht unsere Reaktion nicht selten darin, die Antwort ohne Umschweife herauszuposaunen. Wir verraten nur allzu gern die Antwort. Oft verraten wir die Antworten schon, bevor überhaupt eine Frage gestellt wurde. Der Chemiker und Pädagoge Salman Ansari hat dafür ein bezeichnendes Beispiel aus dem Alltag parat: Einem Kind fällt in der Stadt eine Baustelle auf und es rennt hin. Vor der Absperrung bleibt es stehen und schaut in den Abgrund, den man dort gebuddelt hat. Die Mutter kommt und fragt das Kind, ob es etwas sehen könne. Bevor es auch nur einen Laut äußern kann, sagt die Mutter: »Da ist ein Loch, nicht wahr?« Das Kind antwortet nicht.[22]

Da pflegte Feynmans Vater einen anderen Stil. Er behandelte Antworten und Erklärungen schon eher wie Geschenke. Er weckte Fragen in seinem Sohn, stachelte dessen Neugierde an, hielt die Antworten dann aber zurück. Stattdessen nutzte er die geweckte Neugier des Jungen, um ihm eine Methode beizubringen, die ihn in die Lage versetzen sollte, selbst einer Antwort auf die Spur zu kommen. Die Methode (auch als »Wissenschaft« bezeichnet, aber Feynmans Vater machte sich ja nichts aus Namen und Bezeichnungen) bestand darin, die Antwort zunächst zu raten und dann durch Beobachtung zu überprüfen, ob an der geratenen Antwort, der Hypothese, etwas dran ist oder nicht. Erst wenn der Junge ausgeraten hatte und aus eigener Kraft nicht weiterkam, half ihm sein Vater, das Geschenk zu öffnen.

Gerade in der Schule und auch noch an der Universität würden die Antworten und Erklärungen, so Kritiker, oft allzu voreilig verraten und zudem total passiv vermittelt werden. Ständig würden Schüler mit für sie weitgehend belanglosen Fakten behelligt. Kein Wunder also, dass Neugierde und Kreativität da nach und nach flöten gingen.[23]

Im Bestreben, dieser Misere ein Ende zu bereiten, haben diverse Pädagogen rund um die Welt immer wieder andere, mutmaßlich bessere, kreativere Unterrichtsmethoden vorgeschlagen. Ein Ansatz, der dabei besondere Beachtung gefunden hat, nennt sich »entdeckendes Lernen« und geht ursprünglich auf Ideen der großen Psychologen Jean Piaget und Jérôme Bruner zurück. Bis heute erhitzt der Ansatz die Gemüter. Manche Protagonisten halten das entdeckende Lernen für *die* Alternative schlechthin zum traditionellen, erklärenden Frontalunterricht.

Entdeckendes Lernen ist längst in allerlei Geschmacksrichtungen zu haben, im Kern aber haben die Ansätze eins gemeinsam: Statt den Kindern, Schülern oder Studenten beim Frontalunterricht, bei dem eh nicht allzu viel hängenbleibt,[24] Fakten und Antworten auf nie gestellte Fragen vorzubeten, sollten wir sie die Fakten und Antworten lieber selbst herausfinden lassen. Wer Kinder etwa in die Welt der Biologie, Chemie oder Physik einweihen will, der sollte sie wie echte Wissenschaftler vorgehen und experimentieren lassen, mit Reagenzgläsern oder einer Waage oder was auch immer.

Nehmen wir an, Sie wollen einem Kind das Hebelgesetz beibringen. Sie könnten dem Kind ganz klassisch das Prinzip erklären – wenn es etwas älter ist, könnten Sie eventuell die Formel aufdröseln und das Kind anschließend mit Hilfe der Formel Beispielaufgaben lösen lassen.

Eine Alternative dazu, die entdeckender vorgeht, wäre,

»ÜBER DIE LEBENSLANGE LUST AN DER NEUGIER«   35

mit dem Kind zum Spielplatz zu gehen und erst einmal eine Runde zu wippen, um das Kind auf diese Weise mit dem eigenen Körper und den Sinnen an das rätselhafte Phänomen heranzuführen, dass sich ein und dasselbe Gewicht offenbar unterschiedlich auswirkt, je nachdem, wo es sich auf der Wippe befindet. Vielleicht, wenn Sie Ihre Position auf der Wippe wiederholt ändern, entdeckt das Kind, dass Ihr Körper an Einfluss verliert, wenn Sie vom äußeren Ende der Wippe nach vorne, in Richtung des Kindes rücken.

Diese zweite Form des »Unterrichts« klingt natürlich nach jeder Menge Abenteuer und Spaß, und doch offenbart das Beispiel auch schon das eine oder andere praktische Problem: Entdeckendes Lernen ist in der Regel mit erheblich mehr Aufwand verbunden.[25]

Und das, so die Skeptiker der Methode, ist noch das geringste Problem. Der größte Nachteil des entdeckenden Lernens besteht ihnen zufolge darin, dass Kinder, Schüler und selbst Studenten in den allermeisten Fällen gar nicht in der Lage seien, Vorgänge, Zusammenhänge oder Gesetze zu entdecken, für die die Menschheit oft Tausende von Jahren gebraucht hat. Sie können einen Jugendlichen noch so lange unter einen Apfelbaum setzen, Sie können ihn noch so lange den Mond anstarren lassen: Keinem werden dabei die Gesetze der Schwerkraft aufgehen. Wie sollte es auch anders sein? Es hat Jahrhunderte gedauert, bis Newton, der jahrelang nichts anderes tat, als über diese Phänomene zu grübeln, eine Vorstellung der Schwerkraft entwickelte.

Anorganische Chemie, französische Grammatik, euklidische Geometrie – all das ist bekanntlich nicht gerade ein Kinderspiel. Sich diese Wissensbereiche aus eigener Kraft anzueignen, wäre größtenteils schlicht unmöglich. Kurz: Ein Schüler, der alles auf eigene Faust entdecken soll, wird nicht allzu weit kommen, er wird letztlich nicht allzu viel lernen (und auch nicht unbedingt das, was er lernen soll, dafür wird er eine Menge falscher Vorstellungen bilden).

Einer der entscheidenden Vorteile der Spezies Mensch, um die Kritik noch grundsätzlicher zu formulieren, besteht ja just darin, dass wir eben nicht alles selbst entdecken müssen. Kultur heißt ja, dass nicht jeder von uns das Rad immer wieder neu erfinden muss. Wir Menschen sind als Art gerade auch deshalb so erfolgreich, weil wir auf das gesammelte Wissen vergangener Generationen zurückgreifen und darauf aufbauen können.

Sie sehen schon, es gibt einige Einwände gegen das entdeckende Lernen. Einwände, die man noch als graue Theorie abtun könnte, gäbe es nicht tatsächlich auch mehrere empirische Studien, die die Kritik zu untermauern scheinen: Kinder lernen durch reines Beobachten und eigenes Experimentieren so gut wie nie die Sachverhalte, das Wissen und die Fähigkeiten, die wir ihnen eigentlich beibringen wollen. Dagegen lernen sie diese Dinge einigermaßen rasch in einer üblichen Unterrichtsstunde. Nicht zuletzt aus diesem Grund bevorzugen die meisten Pädagogen nach wie vor die klassische Instruktion als Lehrmethode.[26]

Hinter dem, was ich hier auf wenigen Seiten knapp skizziert habe, verbirgt sich in Wahrheit ein Kampf, der unter Experten nun schon seit Jahrzehnten teils ziemlich erbittert tobt. Auf der einen Seite gibt es jene, die dem traditionellen Instruktionsstil anhängen, auf der anderen betreten immer neue Verfechter irgendeiner Variante des entdeckenden Lernens die Bühne.

Eine Frage, die dabei lange Zeit untergegangen ist, lautet, inwiefern es sich bei den beiden Ansätzen notwendigerweise um Gegenpole handelt, deren Protagonisten sich gegenseitig bekämpfen müssen. Auf den ersten Blick mögen sich eigenes Entdecken und Fremdanweisung ausschließen – aber muss das im praktischen Unterricht unbedingt der Fall sein?

»ÜBER DIE LEBENSLANGE LUST AN DER NEUGIER«

Erst in den letzten Jahren ist diese Frage vermehrt in den Köpfen einiger Pädagogen und Didaktiker aufgetaucht. So versucht derzeit eine kleine Gruppe – es handelt sich bislang leider um eine hauchdünne Minderheit –, die alten Fronten zu überwinden, um stattdessen etwas eigentlich recht Naheliegendes auszuprobieren: die Stärken beider Lehransätze zu vereinen. Die ersten Befunde dazu können sich sehen lassen.[27]

Zu den Pionieren, die diesen Vorstoß zu einer Versöhnung vorantreiben, gehört ein junger Ingenieur aus Singapur namens Manu Kapur. Nach seinem Ingenieursstudium interessierte sich Kapur dafür, wie man Schülern mathematische Probleme, beispielsweise statistische Verfahren, so vermitteln könnte, dass sie die Materie am Ende auch wirklich verstehen. In einer seiner Studien ist Manu Kapur der Frage nachgegangen, wie man 14- bis 15-jährigen Schülern das Konzept der »Standardabweichung« oder »Varianz« am besten beibringen könnte.

Sagen wir, es gibt zwei Fußballer, nennen wir sie Dick und Doof. Wir lassen Dick und Doof drei Monate Fußball spielen und stellen fest: Dick hat im ersten Monat 3 Tore geschossen, im zweiten 16, im dritten Monat dagegen gelang ihm nur ein einziges Tor. Doof hat im ersten Monat 6, im zweiten 8 und im dritten wieder 6 Tore geschossen. Gemessen an der Gesamtzahl der Tore sind Dick und Doof mit je 20 Toren gleich gut. Aber wer ist der zuverlässigere Spieler von beiden? Doof natürlich, da seine Werte nicht so sehr schwanken wie die von Dick. In diesem Beispiel erkennt jeder den Unterschied zwischen den beiden auf den ersten Blick. Wie aber könnte man die Konsistenz der beiden Spieler mathematisch exakt berechnen? Die Antwort liefert die »Standardabweichung«.

Der Forscher Kapur teilte seine Schüler in zwei Gruppen. Insgesamt bestand der Unterricht bei beiden Gruppen aus jeweils vier Stunden. In einer Gruppe gingen der Forscher und seine Mitarbeiter in allen vier Stunden ganz klassisch-traditionell vor: Sie erklärten den Schülern das Konzept, zeigten ihnen die Formel – danach folgten die üblichen Beispielrechnungen, die die Schüler abarbeiten sollten.

In der zweiten Gruppe, nennen wir sie die »Kombinationsgruppe«, hielten die Forscher die Formel während der ersten beiden Stunden zunächst zurück. Dafür zeigten sie den Schülern drei Zahlenreihen und erzählten ihnen, diese würden die jährliche Zahl der Tore von drei Fußballern darstellen, und zwar über einen Zeitraum von zwanzig Jahren.

Und nun waren die Schüler gefragt: Sie sollten sich in kleinen Grüppchen überlegen, wie sich quantitativ bestimmen ließe, wer von den Spielern derjenige mit der konsistentesten Leistung sei (wer Lust hat und die Standardabweichung noch nicht kennt, der könnte an dieser Stelle mit den Dick-und-Doof-Zahlen ein bisschen entdeckend lernen, bevor er Google konsultiert).

Die Ideen, die die Schüler hervorbrachten, erwiesen sich mitunter als sehr pfiffig. Ein Junge kam auf folgenden Vorschlag: Man könnte die Tore in einer Graphik aufzeichnen, wobei die horizontale Achse die Jahre darstellt und die vertikale Achse die Anzahl der Tore. Jetzt müsste man nur noch eine Linie durch die Punkte ziehen, eine Schnur nehmen, diese über die Linie legen, und die Länge, die die Schnur ergeben würde, wäre ein gutes Maß für die Konsistenz der Leistung: je kürzer die Schnur, desto zuverlässiger der Spieler.

Die Originalität der Schüler war beeindruckend, viele kamen der Sache sogar recht nahe, auch wenn am Ende keiner durch eigenes beziehungsweise gemeinsames Entdecken die unter Statistikfreunden gebräuchliche Lösung, geschweige denn die Formel der Standardabweichung fand. Hätte Manu Kapur das Experiment an dieser Stelle beendet, es hätte sich einmal mehr ergeben, dass entdeckendes Lernen nicht zum gewünschten Ergebnis führt und man also besser beim traditionellen, erklärenden Unterrichtsstil bleiben sollte.

Aber noch war der Versuch nicht abgeschlossen. Die »Kombi-Gruppe« hatte ja erst zwei Unterrichtsstunden hinter sich. In den nächsten beiden Stunden schalteten Kapur und seine Mitarbeiter auf klassisch und erklärten auch dieser Gruppe das Prinzip der Standardabweichung, präsentierten ihnen die Formel, packten gewissermaßen das Geschenk aus und gaben den Schülern in der verbliebenen Zeit noch einige Problembeispiele zum Üben.

Zum Schluss prüften die Wissenschaftler beide Gruppen. Dabei zeigte sich zunächst, dass sich die häufig beobachteten Defizite des entdeckenden Lernens mit der Kombi-Lösung erfolgreich vermeiden lassen: Beide Gruppen meisterten Standardprobleme gleichermaßen gut. Beide hatten den Stoff, den es zu lernen galt, prima gelernt.

Als Kapur und seine Kollegen dann noch etwas nachbohrten, offenbarte sich, dass die anfängliche Entdeckerphase keineswegs ein reiner Spaß oder für die Katz gewesen war. Sie hatte sich im Gegenteil auf eindrucksvolle Weise bezahlt gemacht. So demonstrierten jene Schüler aus der Kombinationsgruppe bei Nachfragen erstens ein tieferes Grundverständnis der statistischen Zusammenhänge (etwa wenn es um die Frage ging, wie man mit Ausreißern verfahren könnte, mit einzelnen Datenpunkten also, die ungewöhnlich stark vom Schnitt abweichen). Zweitens fanden sie sich auch besser zurecht, wenn man sie mit einem anderen, verwandten Statistikproblem konfrontierte – es fiel ihnen leichter, ihre Kenntnisse auf neue Situationen anzuwenden.[28]

Manu Kapurs Studien wie auch einige weitere Untersuchungen mit Kombi-Ansätzen bei jüngeren Kindern[29] legen nahe, dass entdeckendes Lernen und traditioneller Instruktionsunterricht sich eben nicht, wie von den verfeindeten

Lagern oft suggeriert, ausschließen müssen. Vielmehr können, ja sollten sie sich gegenseitig ergänzen.

Ähnlich wie Feynman senior seinem Junior den Raum und die Zeit gab, selbst nach Antworten zu suchen, bevor er sie ihm verriet, könnte es sich generell als kreativitätsfördernde und zugleich effektive Unterrichtsstrategie erweisen, Schüler die Lösung für Probleme und Fragestellungen erst einmal eigenständig – allein oder in kleinen Gruppen – erkunden zu lassen: Worum geht es bei der Sache? Erinnert sie mich an Phänomene, die ich schon kenne? Wie weit komme ich mit meinen Fähigkeiten und meiner Phantasie? Wie weit kommen wir, wenn wir unsere Fähigkeiten zusammenlegen? Und wo stoßen wir an unsere Grenzen, das heißt: Was brauchen wir, um von hier aus weiterzukommen?

Ein Problem zuerst selbst auszukundschaften, eine Weile damit zu ringen – statt sofort von den Eltern, dem Lehrer oder Google mit Antworten gefüttert zu werden –, ist nicht nur eine schöne Übung in unabhängigem Denken, die man zeitlebens praktizieren kann. Man lernt das Phänomen dabei auch zu schätzen. Das Phänomen selber sowie die allgemeinere Tatsache, dass der Vorgang des Entdeckens zugleich abenteuerlich und anspruchsvoll ist, und zwar dermaßen anspruchsvoll, dass die Suche längst nicht immer, sogar meist nicht zum Erfolg führt, und schon gar nicht sofort, beim ersten Ansatz. Es wird einem bewusst, wie schwierig es tatsächlich ist, etwas herauszufinden, und dass all dieses Wissen, das uns umgibt, keine Selbstverständlichkeit ist, sondern das Resultat eines langwierigen, gleichermaßen aufregenden wie frustrierenden Prozesses.

Im Idealfall wird beim Erkunden, Forschen und Phantasieren der Hunger geweckt, bevor man die Mahlzeit serviert bekommt. Einerseits wirft die Suche nach einer Lösung Fragen auf, andererseits stößt man womöglich auf originelle Teilantworten, was aufbauend ist und das Zutrauen in die eigene Kompetenz stärkt (Wissen ist nicht nur, was der Lehrer sagt und in Büchern steht und andere herausgefunden haben: Du selbst kannst Wissen hervorbringen), und all das ist wichtig. Nur, es ist eben auch wichtig, am Ende die korrekte oder zumindest übliche Lösung kennenzulernen, jenes Wissen, das sich in unserer Kultur mühsam angesammelt hat und das zwar nicht in Marmor gemeißelt sein muss, aber doch ein guter Ausgangspunkt für weitere, eigene Entdeckungen ist. Manu Kapurs »Kombi-Lösung« scheint eine gute Synthese zu sein, mit der sich sicherstellen lässt, dass das eine nicht auf Kosten des anderen geht.

Die gute Nachricht ist natürlich, dass entdeckendes Lernen in der einen oder anderen Form mittlerweile durchaus seinen Weg in so manches Klassenzimmer gefunden hat. Insgesamt jedoch hat das Prinzip, wie ich finde, deutlich mehr Beachtung im Unterricht verdient. Es lässt sich auch auf vielfältige Weise in die herkömmliche Stoffvermittlung hineinschmuggeln. Die Grenzen werden da wohl nur von unserer eigenen didaktischen Phantasie bestimmt.

Der MIT-Linguist Noam Chomsky etwa bringt ein schönes Beispiel, in welchem die der Instruktion vorangehende Entdeckerphase zwar indirekt, damit aber nicht unbedingt weniger wirkungsvoll vorkommt. Chomskys Schwägerin war Grundschullehrerin, und wenn sie den Kindern der sechsten Klasse die amerikanische Revolution beibringen musste, pflegte sie folgendermaßen vorzugehen: Ein paar Wochen bevor der Stoff fällig war, fing sie an, allgemeinen Unfrieden in der Klasse zu stiften. Beispielsweise traktierte sie die Kinder mit willkürlichen, sinnlosen Aufgaben, die diese partout nicht machen wollten. Allmählich steigerte sie die Dosis, die Schüler wurden zunehmend genervt und fingen an zu protestieren »bis hin zum Punkt, wo es zum Aufstand in der Klasse kam«, wie Chomsky in einem Interview erzählt. »In dem Moment wandte sie sich der amerikanischen Revolution zu. Jetzt waren alle bereit dafür. Sie kapierten, worum es ging.«

Diese Lehrerin hatte verstanden, wie man das Interesse der Schüler weckt. Bevor sie auch nur irgendein historisches Faktum angesprochen hatte, hatte sie die Kinder am eigenen Leib spüren und entdecken lassen, was es mit einer revolutionären Stimmung auf sich hat. Das, so Chomsky, ist eine Erfahrung, die man als Schüler so bald nicht vergisst.[30]

Wer übt, begabt sich selber

Jene anfangs erwähnte »Zehnjahresregel« der Kreativität – oder genereller: das Gesetz der Einarbeitung und Übung – könnte in Zukunft eine noch größere Rolle spielen als je zuvor. Das kommt so: Rätsel, die sich an der Oberfläche der Wirklichkeit versteckten und relativ leicht lösbar waren, sind mit großer Wahrscheinlichkeit gelöst worden. Kreative Gedanken, die hauptsächlich auf Spontanität angewiesen sind, hat irgendjemand vermutlich schon einmal spontan gedacht und geäußert. Naheliegende Entdeckungen und Erfindungen wurden im Laufe der Geschichte gemacht. Anders gesagt: Eine Melodie, die Geschichte für einen Liebesroman, ein mathematisches Theorem[31] oder ein Kunstwerk hervorzubringen – all das war zwar nie einfach. Einer jahrtausendealten, reichhaltigen Kultur und globalen Welt jedoch noch etwas Bedeutendes, Aufsehenerregendes, etwas Innovatives hinzuzufügen stellt noch einmal eine Extraherausforderung dar, selbst wenn neue Techniken auch immer wieder neue Möglichkeiten eröffnen.

Aus dieser schlichten Tatsache ergeben sich folgenreiche Konsequenzen für all jene, die es sich in den Kopf gesetzt ha-

»ÜBER DIE LEBENSLANGE LUST AN DER NEUGIER« 43

ben, Kreatives zu leisten. Der Aspekt der Arbeit gewinnt an Gewicht. Eine wertvolle Schöpfung ist kaum noch beiläufig, billig oder schnell zu haben. Wer auszieht, etwas Neues zu entdecken oder zu erfinden, etwas, das die Welt noch nicht gesehen hat, der sollte sich auf eine längere Reise gefasst machen. Das jugendliche Genie ist bestenfalls ein Phänomen der Vergangenheit. »Genie« erfordert mehr und mehr Zeit, Training, Vorbereitung. Auf dem Weg zum Durchbruch darf man getrost damit rechnen, auf hohe Hürden zu stoßen: So gut wie jede Entdeckung, die hürdenlos zu erreichen war, ist bereits gemacht worden.

Das klingt hart, was vor allem daran liegt, dass es hart *ist*. Zugleich versteckt sich in alledem eine positive Botschaft. Denn Ausdauer und Beharrlichkeit stellen keine rein angeborenen Eigenschaften oder Fähigkeiten dar – sie sind auch in beträchtlichem Maße eine Sache von Erziehung und eigener Einstellung.

Ein Augenöffner in dieser Hinsicht sind die Forschungsarbeiten der New Yorker Psychologin Carol Dweck (inzwischen an der Stanford University in Kalifornien tätig). Wie die Wissenschaftlerin entdeckte, hängen die Neugierde und das Durchhaltevermögen von Kindern unter anderem davon ab, wie und für was wir Kinder loben. Abermals erweisen sich Kinder als scharfe Beobachter und ausgesprochen rationale Wesen: Sie registrieren haargenau, was wir an ihnen bewundern, und richten ihr Verhalten danach aus, und zwar noch weitaus mehr, als uns bewusst ist.

In ihrer grundlegenden Studie konfrontierte die Psychologin Dweck zehnjährige Kinder mit insgesamt 30 IQ-Aufgaben in drei Etappen, zehn Aufgaben pro Runde. Es gab wieder zwei Gruppen. Die Kinder der einen Gruppe wurden nach dem Lösen der zehn ersten IQ-Aufgaben (Runde eins) ausdrücklich für ihre Intelligenz gelobt. Als sie fertig waren,

44   BAS KAST

sagte die Versuchsleiterin: »Wow, das hast du gut gemacht, das ist ein tolles Ergebnis. Du musst ganz schön clever sein!« Bei der zweiten Gruppe fiel das Lob bewusst anders aus. »Wow, gut gemacht, tolles Ergebnis«, sagte die Versuchsleiterin, fügte dann aber hinzu: »Du musst ganz schön hart gearbeitet haben.« Man lobte die Kinder nicht für ihre Klugheit, sondern für ihren Einsatz.

Gleich im Anschluss folgte Runde zwei. Von diesem Punkt an unterschieden sich die Gruppenbedingungen nicht mehr. Jetzt wurden alle Kinder mit zehn happigen IQ-Aufgaben traktiert. Die Kinder taten sich reichlich schwer, und die Versuchsleiterin sagte ihnen, dass sie diesmal ein ganzes Stück schlechter abgeschnitten hatten als zuvor und nur die Hälfte der Aufgaben korrekt gelöst hatten (erst ganz am Ende des Versuchs gab es dazu einige tröstende Worte, und man machte allen Kindern klar, dass diese Aufgaben eigentlich für ältere Kinder gedacht waren und dass sie sich, gemessen daran, gut geschlagen hatten, ja man versicherte ihnen, dass schon allein das Lösen einer einzigen dieser komplizierten Aufgaben eine sehr beachtliche Leistung darstellte).

Bevor es zur dritten Runde kam, fragten die Forscher die Kinder, wie ihnen die Aufgaben gefielen, ob sie eventuell welche mit nach Hause nehmen wollten usw. Danach folgte die dritte und letzte Runde mit Aufgaben, die von einem vergleichbaren Schwierigkeitsgrad waren wie jene aus der ersten Runde.

Die Ergebnisse des Versuchs, die mehrfach bestätigt wurden,[32] sind erstaunlich, teils auch erschreckend. Der Unterschied im Lob in Runde eins mag uns minimal erscheinen, bei den Kindern aber blieb er keineswegs folgenlos. Es zeigten sich im Gegenteil klare Unterschiede zwischen beiden Gruppen: Jene Kinder, die man in der ersten Runde für ihre Intelligenz gepriesen und die in der anschließenden zweiten Runde an den komplizierteren IQ-Aufgaben gescheitert waren, empfanden, wie die Befragung nach dieser Runde ergab, nur wenig Vergnügen an der ganzen Sache. Das Interesse, ein paar Aufgaben mit nach Hause zu nehmen, hielt sich ebenfalls in Grenzen. Kein Wunder, könnte man sagen, wenn man sie mit Aufgaben entmutigt, denen sie kaum gewachsen sind. Das kann ja wohl nur frustrieren!

Doch ganz so einfach ist es nicht. Die Kinder nämlich, deren Einsatz man gelobt hatte, reagierten, obwohl sie in Runde zwei exakt das gleiche frustrierende Feedback zu hören bekommen hatten, auffallend anders. Im Vergleich zu den anderen Kindern empfanden sie nicht nur mehr Spaß an den Aufgaben. Sie zeigten auch mehr Interesse daran, einige Aufgaben mit nach Hause zu nehmen, um dort weiterzuüben. Diese Kinder waren von dem Rückschlag in Runde zwei nicht entmutigt worden, nein, ihr Ehrgeiz schien geradezu angestachelt worden zu sein.

Verblüffend ist auch, was die dritte und letzte Runde des Experiments offenbarte: Die Kinder der Gruppe, die man für ihre Intelligenz gelobt hatte, schnitten jetzt bei den verhältnismäßig leichten IQ-Aufgaben schwächer ab als zuvor, während jene, die man für ihren Einsatz gepriesen hatte, ihre Leistung verbesserten. Dabei hatten alle Kinder in der ersten Runde noch eine vergleichbare Leistung vollbracht.

Die Effekte traten in mehreren Versuchen wiederholt zutage, wie aber lassen sie sich erklären? Was ist verkehrt daran, wenn man einem Kind sagt, es sei klug? Was ist daran so schlimm? Stärkt das nicht das Selbstbewusstsein? Mögen Kinder es etwa nicht, wenn wir ihre Intelligenz und ihre Talente loben? Doch, Kinder mögen das sehr wohl, sie lieben es! Auf den ersten Blick erschien es auch der Psychologin Carol Dweck überhaupt nicht offensichtlich, was an einem solchen Lob »falsch« sein sollte.

46   BAS KAST

Allerdings auch wenn Kinder die Bewunderung ihrer Klugheit genießen, erweist sich dieses süße Gefühl, wie die Forscherin feststellte, oft von kurzer Dauer. Vor allem: Ein Lob der Intelligenz geht mit Risiken und Nebenwirkungen einher, Nebenwirkungen, die sich spätestens dann entfalten, wenn sich die eine oder andere Schwierigkeit auftut. Im Moment eines Rückschlags kann das angenehme Gefühl des Stolzes sogar schnell in demotivierende Lustlosigkeit und Scham umschlagen.

Um es aus Sicht des Kindes zu beschreiben: Geben wir einem Kind zu verstehen, dass es ein gutes Ergebnis seiner Klugheit zu verdanken hat, ist es selbstverständlich erst mal stolz. Zugleich folgt daraus für das Kind, dass ein darauffolgendes mageres Abschneiden an seiner *mangelnden* Klugheit liegt. Wenn ich eine Aufgabe gelöst habe, weil ich Talent habe, ist es nur konsequent, davon auszugehen, dass es mir an Talent fehlt, sobald ich an einer Aufgabe scheitere. Da das Meistern von Herausforderungen eine Sache der Intelligenz ist, beweist mein Scheitern, dass ich wohl doch nicht so intelligent bin. Von schwierigen Aufgaben, die meine Dummheit offenbaren könnten, lasse ich also in Zukunft lieber die Finger!

Wenn mir hingegen etwas gelungen ist, weil ich mich, wie man mir versichert hat, bemüht habe, ist es nur folgerichtig, ein Scheitern ebenfalls meinem Einsatz zuzuschreiben: Wahrscheinlich habe ich mich diesmal einfach nicht genug angestrengt – es könnte sich somit lohnen, ein paar Aufgaben mit nach Hause zu nehmen und zu üben. Es wird sich auszahlen, wenn ich mich mehr anstrenge. Der eine oder andere Rückschlag kann auf diese Weise sogar motivierend wirken, insofern er, statt zu Resignation und Rückzug, genau umgekehrt: zu vermehrtem Einsatz anregt (»jetzt muss ich mich doch mal richtig hinsetzen, um die Sache in den Griff zu bekommen«).

Die eigene mühevolle Leistung beflügelt mehr als der Hinweis auf mühelos gezeigte Intelligenz. Wenn man uns wiederholt für unsere Intelligenz und unsere angeborenen Talente lobt – etwas, woran sich nicht großartig rütteln lässt, wir können die genetische Segnung nur dankbar hinnehmen –, führt das, wie Carol Dweck meint, nach und nach zu einem »statischen« Selbstbild: Irgendwann glauben wir, dass unsere Klugheit und Kreativität feste Größen sind, die sich nicht verändern lassen. Wir können sie durch Übung nicht verbessern, wir können sie der Welt und uns selbst nur unter Beweis stellen. Erweisen sie sich als eher dürftig ausgeprägt, sollten wir diese Tatsache möglichst verstecken. Eine Tätigkeit, die an die Grenzen unserer Fähigkeiten geht, meiden wir lieber, weil sie entlarven könnte, dass wir nur wenig Talent haben. Ja, jede Anstrengung unsererseits ist bereits ein bedrohliches Omen: Es ist ein Zeichen dafür, dass es uns an natürlicher Begabung fehlt. Wer sich anstrengt, hat es wahrscheinlich dringend nötig. Anstrengung ist uncool, ist etwas für *Loser*.

Loben wir ein Kind mehr für Ausdauer und Durchhaltevermögen, so die Psychologin, entwickelt sich in ihm der Eindruck, dass es eben darauf ankommt: nicht aufzugeben, dranzubleiben, es immer wieder zu versuchen. Intelligenz oder Talent erscheint als etwas, für das man etwas tun kann, tun muss. Das Scheitern an einer Herausforderung ist kein Beweis von Dummheit, sondern ein Hinweis darauf, dass man noch nicht so weit ist. Dass man noch weiter üben sollte. Vielleicht auch, dass man faul war und schlecht vorbereitet an die Sache rangegangen ist, was sich ja wohl ändern lässt. Dweck spricht von einem »dynamischen« Selbstbild.[33]

Studiert man Dwecks Arbeiten, beschleicht einen das Gefühl, dass sich die Menschheit etwas allzu klar in statische und dynamische Typen, in Lerner und Nichtlerner, in gut und schlecht einteilen lässt. Abgesehen von dieser Schwarzweißzeichnung jedoch können uns ihre Erkenntnisse dazu anregen, noch einmal über unsere Art des Lobens und – allgemeiner – über das, was wir an anderen Menschen und uns selbst wertschätzen, nachzudenken. Wie reagieren wir auf Fehler und Missgriffe? Was teilen sie uns mit? Dass wir es nicht draufhaben? Sind wir als Erwachsene »fertig«? Was ist schöner: ein Experte sein, der alles im Griff hat, oder ein Anfänger, der alles noch entdecken darf? Wovor haben wir mehr Respekt, vor angeborener Begabung oder davor, dass jemand mit Rückschlägen und Frustration umzugehen lernt und auch dann noch am Ball bleibt, wenn ihm etwas nicht sofort gelingt, wenn er vier, fünf oder noch ein paar Anläufe mehr braucht und trotzdem nicht entmutigt ist?

Unsere jeweilige Haltung beeinflusst unser eigenes Verhalten, wir beeinflussen damit das Verhalten unserer Freunde oder das unseres Partners – und eben auch das unserer Kinder. Kinder hören sehr genau auf das, was wir im Alltag so von uns geben, genauer, als wir oft meinen. »Wenn wir Kindern sagen ›Klasse, das hast du aber schnell hinbekommen!‹ oder ›Schau mal, du hast gar keine Fehler gemacht!‹, welche Botschaft vermitteln wir ihnen dann?«, fragt Dweck zum Beispiel.[34] Zunächst mögen uns auch diese Formen des Lobs völlig harmlos und gutartig vorkommen. Was ist schon dabei? Nun, ein Kind, meint die Psychologin, hört aus diesen Sätzen vor allem heraus, dass wir Geschwindigkeit und Perfektion zu schätzen wissen. Das Kind zieht Schlüsse, die wir mit unseren Worten gar nicht im Sinn hatten, Schlüsse, wie: »Wenn ich mir mehr Zeit lasse und gründlich vorgehe oder wenn ich etwas Schwieriges riskiere, wobei mir vielleicht Fehler unterlaufen, dann ist das vermutlich *nicht* klasse –«

Wie also sollten wir auf ein Kind reagieren, das eine Aufgabe rasch und fehlerfrei gemeistert hat? »Wenn das passiert«, schlägt Dweck vor, »sagen Sie: ›Oh, das war wohl zu einfach.

»ÜBER DIE LEBENSLANGE LUST AN DER NEUGIER« 49

Tut mir leid, dass ich deine Zeit verschwendet habe. Ich gebe dir eine Aufgabe, bei der du wirklich lernen kannst‹.«[35]

Wahrscheinlich heben die genannten Beispiele noch zu sehr auf die Sprache, auf einzelne Wörter und Sätze und auf explizites Lob ab. Dabei ist das, wofür wir unsere Kinder loben, am Ende auch nur ein Indikator – einer von vielen – für das, was uns wichtig ist. Ein Kind hört ja nicht nur, wofür wir es loben und was wir ihm sonst noch alles sagen. Es hört auch das, was wir nicht sagen. Es beobachtet unser Verhalten, verfolgt unsere Blicke. Wofür schätzen wir unsere Freunde, Familienmitglieder, Kollegen, Mitmenschen? Wer und was genießt unsere Aufmerksamkeit? Wann blitzt dieses Funkeln in unseren Augen auf?

Kinder, mit ihren feinen Multifrequenzantennen, registrieren unsere Begeisterung und tun alles dafür, damit ihnen diese Begeisterung ebenfalls zufließt. Und wenn wir vom kichernden Hollywood-Amadeus entzückt sind, der seine Noten von höheren Sphären zugeflüstert bekommt, ohne dafür selbst auch nur einen einzigen Finger krümmen zu müssen, während sich der arme Salieri einen abrackert, alles gibt und doch immer nur mittelmäßige Töne trifft – natürlich wird ein Kind sich dann denken: Ah, so also macht man das! Kichernd und leichtfüßig tanzend! Dagegen dieser vergeblich strampelnde Salieri: was für ein armseliger Trottel!

So liegt eine gewisse Ironie in dem Geniekult, den wir in unserer Gesellschaft mitunter betreiben. Gerade die Vorstellung, dass Genie oder Talent etwas ist, das man entweder hat oder nicht, kann der Entfaltung unserer Talente auf verhängnisvolle Weise im Wege stehen. Unzweifelhaft gibt es verschiedene Ausmaße von angeborenem Talent für dies und jenes. Wahr ist aber auch: Wer übt, begabt sich selber. Jene Leute, die wir als »Genies« bezeichnen – ein bisschen so, als handle es sich dabei um eine eigene Gattung –, waren in der Regel solche, die ihr gesamtes Leben der Übung und der Vervollkommnung bestimmter Fähigkeiten gewidmet haben, oft unter erheblichen persönlichen Opfern.

Woher stammt dann diese hartnäckige Amadeus-Illusion? Woher, wenn es doch so an Empirie und Wirklichkeit vorbeigeht, rührt nur dieses romantische Bild vom lässigen Genie, dem es der Herr im Schlafe gab? Hier eine Spekulation: Womöglich ist ja unsere Bewunderung für das Naturtalent ihrerseits etwas sehr Kindliches, ein Erbe unserer langjährigen Erfahrung als Kind. Als Kinder sind wir schließlich ständig von jenen augenscheinlichen Genies namens »Erwachsene« umgeben. Wir stellen eine Frage, der Erwachsene hat eine Antwort. Wir haben ein Problem, der Erwachsene hat eine Lösung, und zwar auf Anhieb. Diese hochgeschossenen Gestalten, die wir als Kinder tagein, tagaus erleben, wissen alles, können alles, und das, ohne auch nur das Geringste dafür tun zu müssen: Sie scheinen sich nie hinsetzen zu müssen, um zu lernen, und sind uns doch in jeder Situation meilenweit überlegen. Kinder werden, Erwachsene sind. Nur wir, die »Genies«, die meisten von uns jedenfalls, ahnen dunkel, dass es sich nicht ganz so verhält. Wer weiß, vielleicht wäre es ja gar nicht so schlimm, diese Ahnung gelegentlich auch unseren Kindern gegenüber durchblicken zu lassen.

Anmerkungen

1 Ken Robinson, In meinem Element, Arkana 2010; siehe auch seinen köstlichen TED-Vortrag unter http://www.ted.com/talks/ken_robinson_says_schools_kill_creativity.html.

2 Quelle unsicher, siehe z. B. http://simple.wikiquote.org/wiki/Pablo_Picasso#cite_note-5.

3 Volker Reinhardt, Der Göttliche: Das Leben des Michelangelo, C. H. Beck, München 2010.

4 K. Anders Ericsson et al., The role of deliberate practice in the acquisition of expert performance. Psychological Review, 100, 1993, S. 363–406; Robert Weisberg in Sternberg, Sternberg, R. J. (Hg.), Kapitel 12 von Handbook of creativity. Cambridge University Press, 1999; Andrew Robinson, Sudden genius? The gradual path to creative breakthroughs, Oxford University Press, 2010.

5 Andrew Robinson, Sudden genius? The gradual path to creative breakthroughs, Oxford University Press, 2010.

6 K. Anders Ericsson et al., The role of deliberate practice in the acquisition of expert performance. Psychological Review, 100, 1993, S. 363–406; Robert Weisberg in Sternberg, Sternberg, R. J. (Hg.), Kapitel 12 von Handbook of creativity. Cambridge University Press, 1999.

7 Siehe dazu z. B. Scott Barry Kaufman, Ungifted: Intelligence redefined. Basic Books, 2013.

8 Maynard Solomon, Mozart: Ein Leben. Bärenreiter / Metzler, Kassel / Stuttgart 2005.

9 Robert Weisberg in Sternberg, Sternberg, R. J. (Hg.), Kapitel 12 von Handbook of creativity. Cambridge University Press, 1999; K. Anders Ericsson et al., The making of an expert. Harvard Business Review, July-August 2007, S. 1–7.

10 Zitiert in Carl Seelig, Albert Einstein, Europa Verlag, Zürich 1960.

11 Zum Beispiel über einen Kompass, den ihm sein Vater zeigte, als er vier oder fünf Jahre alt war; siehe dazu Albrecht Fölsing, Albert Einstein. Eine Biografie, Suhrkamp, Frankfurt am Main 1993.

12 Albrecht Fölsing, Albert Einstein. Eine Biografie, Suhrkamp, Frankfurt am Main 1993.

13 Elizabeth Bonawitz et al., The double-edged sword of pedagogy: Instruction limits spontaneous exploration and discovery, Cognition, 120, 2011, S. 322–330.

14 Siehe dazu z. B. auch Manu Kapur, Productive failure in learning math. Cognitive Science, 38, 2014, S. 1008–1022.

15 Daphna Buchsbaum et al., Children's imitation of causal action sequences is influenced by statistical and pedagogical evidence. Cognition, 120, 2011, S. 331–340.

16 Richard P. Feynman, Es ist so einfach, Piper, München 2001.

17 James Gleick, Richard Feynman: Leben und Werk des genialen Physikers, Droemer Knaur, München 1993.

18 Ebd.

19 Ebd.

20 http://www.youtube.com/watch?v=Bgaw9qe7DEE.

21 Für die Vatergeschichten siehe unter anderem: Richard P. Feynman, Kümmert Sie, was andere Leute denken? Piper, 1991; Richard P. Feynman, Es ist so einfach, Piper, München, 2001; Es gibt auch eine schöne Richard-Feynman-Dokumentation von der BBC, siehe z. B. http://youtube.com/watch?v=Fzg1CU8+9nw.

22 Salman Ansari, Rettet die Neugier!, Krüger, Frankfurt am Main 2013.

23 Beispielsweise Ken Robinson, http://www.ted.com/talks/ken_robin son_says_schools_kill_creativity.html, siehe auch http://www.ted.com/talks/sugata_mitra_build_a_school_in_the_cloud.html.

24 Siehe z. B. Carl Wieman und Katherine Perkins, Transforming physics education, Physics Today, November 2005, S. 36–41, Figur 3.

25 Allerdings nicht immer: Ein radikaler (und, wie ich finde, abwegiger) Vorschlag etwa besteht darin, Kindern einfach einen Computer in die Hand zu drücken und sie von da an in Ruhe zu lassen; siehe http://www.ted.com/talks/sugata_mitra_build_a_school_in_the_cloud.html.

26 Für eine Review siehe Paul A. Kirschner et al., Why minimal guidance during instruction does not work. Educational Psychologist, 41, 2006, S. 75–86.

27 Siehe dazu als Review vor allem Hee Seung Lee und John R. Anderson, Student learning: What has instruction got to do with it? Annual Review of Psychology, 64, 2012, S. 445–469, im weiteren Sinne auch Louis Alfieri et al., Does discovery-based instruction enhance learning? Journal of Educational Psychology, 103, 2011, S. 1–18.

28 Manu Kapur, Productive failure in learning the concept of variance. Instructional Science, 40, 2012, S. 651–672, siehe auch Manu Kapur, Productive failure in learning math. Cognitive Science, 38, 2014, S. 1008–1022; einen informativen Vortrag von Manu Kapur findet man hier: http://www.youtube.com/watch?v=hC6wCrXOYvK.

29 Daniel L. Schwartz et al., Practicing versus inventing with contrasting cases: The effects of telling first on learning and transfer. Journal of Educational Psychology, 103, 2011, S. 759–775; Marci S. DeCaro, und Bethany Rittle-Johnson, Exploring mathematics

problems prepares children to learn from instruction. Journal of Experimental Child Psychology, 113, 2012, S. 552–568.

30 http://donations.com/?s=chomsky.

31 Für eine total unverständliche Insiderbeschreibung dazu, die dennoch ein grobes Gefühl für die Welt des Mathematikers und den strapaziösen, nervenaufreibenden Weg zu einem mathematischen Beweis gibt, siehe Cédric Villani, Das lebendige Theorem, S. Fischer, Frankfurt am Main 2013.

32 Claudia M. Mueller und Carol S. Dweck, Praise for intelligence can undermine children's motivation and performance. Journal of Personality and Social Psychology, 75, 1998, 33–52; Carol S. Dweck, Selbstbild: Wie unser Denken Erfolge oder Niederlagen bewirkt, Piper, München 2007.

33 Siehe dazu auch Elizabeth A. Gunderson et al., Parent praise to 1- to 3-year-olds predicts children's motivational frameworks 5 years later. Child Development, 84, 2013, S. 1526–1541.

34 Carol S. Dweck, Selbstbild: Wie unser Denken Erfolge oder Niederlagen bewirkt, Piper, München 2007.

35 Carol S. Dweck, Selbstbild: Wie unser Denken Erfolge oder Niederlagen bewirkt, Piper, München 2007.

GÜNER YASEMIN BALCI
»Vom Recht auf ein selbstbestimmtes Leben«

Insan haklari oder Dein Leben gehört dir

Stellen Sie sich vor, Sie müssten morgen Ihre Wohnung verlassen. Nicht, weil Sie es wollen, sondern weil Sie es *müssen*. Vielleicht müssen Sie sogar die Stadt verlassen, in der Sie viele Jahre Ihres Lebens verbracht haben, in der Sie Freunde treffen, den Zeitungshändler kennen, Ihren Friseur, die Stadt, in der eins Ihrer Kinder noch die Schule besucht und Sie selbst einem Beruf nachgehen, der Ihnen Freude macht.

Stellen Sie sich vor, Sie müssten schnell an einen anderen Ort ziehen, irgendwo in Deutschland. Vielleicht aber auch in ein anderes Land, um sicher zu sein, dass Sie sicher sind. Man wird Ihnen sagen, dass Sie nie wirklich sicher sind, solange es jemanden gibt, der nach Ihnen sucht, jemanden, der Ihnen oder einem Ihrer Angehörigen nach dem Leben trachtet. Das alles müssen Sie tun, nicht etwa, weil Sie als Straftäter von der Polizei gesucht werden, sondern weil Ihr Sohn sich in ein Mädchen verliebt hat, dessen Eltern es nicht dulden, dass ihre Tochter eine selbstgewählte Beziehung eingeht. Weil sie für ihr Kind ein anderes Leben vorgesehen haben, eines, das sich nach den archaischen Sitten ihrer Herkunftskultur richtet, einer Kultur, die es Frauen verbietet, über ihren Körper, über ihr Leben selbst zu entscheiden.

Sie stehen vor der Wahl: zu gehen, von jetzt auf gleich ein

neues Leben zu beginnen und das, was Sie sich in vielen Jahren als Existenz aufgebaut haben, Ihren Beruf, Ihr Umfeld, Vertrautes für ungewisse Zeit, vielleicht sogar für immer hinter sich zu lassen; oder Sie bleiben, leben dafür aber jeden Tag mit der Ungewissheit, dass jemand Ihnen auflauert, Sie auf der Straße bespuckt und beleidigt oder Sie sogar mit dem Tod bedroht.

Sie werden jetzt wahrscheinlich sagen: Moment mal, das geht doch nicht, das ist unrecht, wir leben doch in einem Rechtsstaat, und ich zeige jeden an, der mich bedroht! Dann machen Sie eine Anzeige gegen die Person, die Ihnen nachstellt. Am nächsten Tag aber steht eine andere Person bei Ihnen vor der Haustür, und alles wiederholt sich. Machen Sie dann wieder eine Anzeige, machen Sie jede Woche mehrere Anzeigen? Oft genug gegen »Unbekannt«, weil Sie die Quälgeister persönlich gar nicht kennen? Gehen Sie dann irgendwann nur noch selten aus dem Haus? Und nur, wenn mindestens eine erwachsene Person Sie begleiten kann? Oder eilen Sie geduckt durch die Straßen, in der Hoffnung, man sieht Sie nicht? Versuchen Sie, sich unsichtbar zu machen oder Schleichwege zu finden?

Natürlich können Sie, wenn Sie bereit sind, solche Begleitumstände in Kauf zu nehmen, auch bleiben. Ihr Sohn aber wird selbst dann noch gehen müssen, wenn er inzwischen gemerkt hat, dass die Liebe seines Lebens doch nur ein Strohfeuer war und er sich offiziell von dem Mädchen getrennt hat, dessen Familie Ihnen diesen ganzen Ärger bereitet – bei einer befleckten Ehre gibt es kein Zurück. Sie müssen dann damit leben, dass Ihr Kind auf unbestimmte Zeit untertaucht, sich versteckt vor der Gefahr, Opfer eines Gewaltverbrechens im Namen der Ehre zu werden. Von seiner einstigen Liebsten ganz zu schweigen.

Nur wenn Sie wegziehen, werden Sie Ihren Sohn irgendwann einmal wiedersehen können. Vielleicht kann er Sie in der fremden Stadt, in der Sie dann wohnen, besuchen. Sie selbst dürfen ihn nicht an dem Ort aufsuchen, an dem er inzwischen lebt. Denn seine Adresse muss, um ihn nicht zu gefährden, weiterhin geheim bleiben. Vielleicht aber haben Sie mehrere Kinder, eine Tochter noch, die gerade in ihrer Ausbildung ist und sich geweigert hat, mit Ihnen wegzuziehen, bloß weil ihr Bruder sich verliebt hat. Dann stehen Sie vor einer Entscheidung, die für jede Mutter, jeden Vater ein Albtraum sein muss: Für welches meiner Kinder entscheide ich mich?

***

In der Geschichte, die ich hier erzähle, heißt der Sohn Dimi. Er ist mit Aliyah, der Tochter der kurdischen Familie Özgan, auf der Flucht. Inzwischen schon seit mehreren Jahren. Ihm drohte die Rache der Sippe, ihr die Zwangsverheiratung, nachdem ihre Liebe zu dem jungen Griechen sich herumgesprochen hatte. Die beiden sind immer noch zusammen.

Es ist keine Geschichte, die ich mir ausgedacht habe, sie ist hier passiert, mitten unter uns, in Deutschland. Aliyah wollte, dass ihre Geschichte aufgeschrieben wird. Sie wollte weder die Bevormundung der Familie noch das Doppelleben länger hinnehmen, die Lügen, das Verbot ihrer Liebe zu Dimi. »Es gibt so viele Mädchen und Frauen, die, wie ich, keine Freiheiten haben. Nur sehr wenige trauen sich zu gehen. Das muss sich ändern!«, sagte sie mir. Ich habe – bis auf wenige Ausnahmen – die Namen der betroffenen Personen geändert, sie zuweilen an andere Orte geschickt, leichte Veränderungen vorgenommen. Das ist erforderlich, wenn man sie schützen will.

Die Eltern des jungen Mannes sind Maria und Nicos Samos, ein griechisches Ehepaar, das seit Jahrzehnten in Berlin lebt. Gelebt hat, müsste es genauer heißen. Sie leben jetzt in einer ihnen fremden Stadt. Ihre Hoffnungen, irgendwann würde die verbotene Liebe zwischen Aliyah und Dimi von den Özgans akzeptiert werden und die Drangsalierungen würden endlich aufhören, denen insbesondere Maria ausgesetzt war, haben sich nicht erfüllt. Die Familie Özgan hat nicht aufgegeben. Die Familie Samos musste alles aufgeben, den Job, den Wohnort, die Heimat. Maria hat bis heute keinen neuen Arbeitsplatz gefunden, und Nicos, der gelernter Koch ist, arbeitet jetzt für eine Security-Firma mit einem so geringen Gehalt, dass er zu den »Aufstockern« des Jobcenters zählt. Er findet das entwürdigend. Ihre Tochter ist zornig auf die beiden Liebenden, weil deren Verhältnis der Anstoß dazu war, dass die Familie Samos jetzt, auseinandergerissen, an verschiedenen Orten dieser Republik lebt.

Und Aliyah und Dimi? Die beiden haben harte Jahre hinter sich. Und harte Jahre vor sich. Nach Aliyahs Flucht aus ihrem Zuhause waren sie eine lange Zeit getrennt, Dimi durfte nicht einmal wissen, wo Aliyah sich aufhielt. Es wäre zu gefährlich gewesen für viele Beteiligte – für Aliyah selbst, aber auch für die Menschen, die ihr geholfen haben, die ihr Unterschlupf gewährten, die sie betreuten. Diese Zeit des Wartens, die ihre Beziehung auf eine harte Probe gestellt hat, ist vorbei. Die beiden sind vereint. Endlich. Bis vor kurzem hatten sie auch eine kleine Wohnung irgendwo in Deutschland, einen Job (Dimi), einen Ausbildungsplatz (Aliyah). Im Vergleich zu allem, was vorher gewesen war, erlebten sie einige ruhige Monate. Relativ zumindest. Das ist vorbei. Sie packen wieder. Es ist Aliyahs Familie gelungen, den Wohnort der beiden herauszufinden. Ein Fehler der Ämter, der Staatsanwaltschaft. Er hätte nicht passieren dürfen. Niemand hätte die geheime Adresse der beiden herausgeben dürfen. Die Polizei hatte eindeutige Anweisung gegeben. Sie wollte Dimi schützen. Es hat nichts geholfen.

Nur die wenigsten »verbotenen« Beziehungen zwischen muslimischen Mädchen und nichtmuslimischen Jungen halten die Gefahren, die Anspannung, die langen Trennungszeiten aus, denen Aliyah und Dimi ausgesetzt waren. Sie haben nie erleben dürfen, was verliebte Teenager gemeinhin machen: gemeinsam jede freie Stunde verbringen, ins Kino gehen, mit Freunden abhängen, sich küssen und sich auf eine Weise lieben, bei der sie an nichts anderes, an niemanden sonst, nur an sich selbst denken. Sie mussten sich heimlich treffen, an immer wechselnden Orten, auf die Uhr schauen, damit Aliyah rechtzeitig zu Hause war, und ständig ihrer Furcht vor Entdeckung Herr werden. Es war keine leichte Teenagerliebe, ihr haftete von Anfang an, ob sie es wollten oder nicht, eine existentielle Entscheidung an – Gehorsam gegenüber der Familie oder Hochverrat an den Geboten der Sippschaft, Unterwerfung oder Selbstbestimmung, Leben oder Tod. Vielleicht hätte sich Shakespeare bei seinem Drama über die verbotene Liebe zwischen Romeo und Julia heute nicht mehr für die italienische Stadt Verona, sondern für Berlin-Neukölln, Essen-Karternberg, Köln-Mülheim oder Bückeburg entschieden. Denn überall hier – und anderswo – gibt es Familien, die festhalten an einer archaischen Kultur, die die Leibeigenschaft noch nicht überwunden hat.

***

Liebe ist seit Menschengedenken das Zaubermittel, mit dem manchmal die Grenzen zwischen verschiedenen Kulturen, Sprachen, Weltanschauungen und Religionen überschritten oder außer Kraft gesetzt werden können. Wer liebt, dem sind Konventionen und Sanktionen egal. Liebe bricht mit Traditionen und Regeln und lässt Neues entstehen. Einem jungen Mann ist möglicherweise jahrelang von seiner Mutter eingetrichtert worden, dass deutsche Frauen nichts taugen, weil sie »zu frei« sind – wenn er sich dann aber trotzdem heftig in eine solche Frau verliebt, sind die Worte der Mutter vergessen. Wer sich die Heiratsstatistiken im Einwanderungsland Deutschland anschaut, wird feststellen, dass immer mehr Türken und Deutsche einander heiraten – ein erfreulicher Trend, der für wachsende Integration spricht. Der zweite Blick allerdings relativiert diese Freude: Es sind immer mehr deutsche Frauen und türkische Männer, die einander heiraten. Warum gibt es nicht auch immer mehr muslimische Frauen – Araberinnen, Bosnierinnen, Türkinnen, Albanierinnen etc. –, die nicht-muslimische Männer heiraten?

Muslimische Töchter haben es schwerer als ihre Brüder oder Cousins, eine solche bikulturelle Ehe gegen den Willen ihrer Familien durchzusetzen. Denn Frauen gelten als Besitz der Familie, ihre Jungfräulichkeit ist Allgemeingut, das jeder bewachen darf, es steht für die Ehre einer Sippe. Es ist vor allem dieses konservativ-muslimische Frauenbild, das Frauen den Männern unterordnet und ihren Körper dermaßen sexualisiert, dass nur noch züchtige Kleidung, ein keusches Kopftuch, ein stark eingeschränkter Bewegungsradius, ein gesenkter Blick und ständige Kontrolle sie angeblich davor bewahren können, an der nächsten Ecke vom erstbesten Mann flachgelegt zu werden – es ist ein zerstörerisches, krankes Frauenbild.

Obwohl wir wissen, dass es für viele Jungen und Mädchen Gebot ist, nach diesem Geschlechterverständnis zu leben, bei dem nicht sie selbst, sondern der Vater, die Mutter bestimmen, wer wen heiratet, hat die Politik bis heute nichts dagegen unternommen. Es gibt kein flächendeckendes Angebot an Schulen, das Kinder darüber aufklärt, dass ihr Körper nur ihnen gehört und sie, nur sie allein, entscheiden dürfen, wen sie als Erwachsene lieben. Es gibt in der Ausbildung von Pädagogen und Lehrern, von Ärzten und Polizisten bis heute keine verpflichtenden Lehrangebote, die darüber aufklären, was sie tun können, wenn sie auf Menschen treffen, die ihre Töchter oder Schwestern lieber tot als in einem selbstbestimmten Leben sehen. Es gibt keine unter staatlichem Schutz stehende Zuflucht für einen jungen Mann, der es gewagt hat, eine Beziehung einzugehen, die ihn sein Leben kosten kann. Wie Karzan, von dem ich in diesem Buch berichte. Niemand fühlt sich politisch verantwortlich, wenn eine junge Frau, die mir unter ihrem neuen Namen, »Nora«, die Odyssee ihres Lebens erzählt, von ihrer Familie in die Türkei verschleppt und dort verheiratet wird. Nora ist nur ein Beispiel. Was sie erlebt hat, widerfährt auch jungen Frauen aus pakistanischen, irakischen, libanesischen oder anderen Familien.

Wer ihnen hilft und mit seinem Namen dazu steht, dass er gegen die Menschenrechtsverletzungen etwas tut, die an muslimischen Mädchen und Frauen begangen werden, so wie die mutigen Frauen der Mädchenzuflucht »Papatya« oder wie Fatma Bläser mit ihrem Verein »Hennamond«, macht sich Feinde. Da klingt es nicht nur in meinen Ohren wie Hohn, wenn sogenannte Migrationsexperten und Ethno-Wissenschaftler zu diesem Problem nur das immer wiederholte Mantra herunterbeten: Wir müssen auch solchen Eltern die Hand reichen, miteinander reden, vielleicht einen Imam bitten, ihnen zu erklären, dass der Prophet Mohammed keine Frauen schlug und Zwangsehen vom Islam geächtet werden – als dürften Menschenrechte durch Regeln und Gebote des Islam ersetzt werden. Auch die Hoffnung, muslimische Verbandsvertreter würden sich irgendwann für das Recht auf sexuelle Selbstbestimmung von Frauen starkmachen, ist so weltfremd wie die Vorstellung, dass ein Zuhälter gegen Prostitution auf die Straße geht.

Und damit sind wir beim harten Kern der Frage, warum ein immer noch zu großer Anteil der muslimischen Männerwelt an der Bevormundung der Frauen festhält: It's all about Sex – wer die Sexualität von Frauen kontrolliert, kann verfügen und bestimmen. Es sind männliche Machtphantasien, die ohne ein weibliches Objekt in sich zusammenfallen würden. Ob Zwangsheirat, Kopftuch oder Ehrenmord – immer geht es dabei nur um eins: den Frauen das Recht auf eine selbstbestimmte Sexualität zu nehmen. Dass das möglich ist, dafür tragen wir anderen Mitverantwortung.

***

Wenn ein krasser Fall von Gewalt bekannt wird – ein Bruder seine Schwester, ein Mann seine Frau im Namen der Ehre ermordet hat –, flammt für kurze Zeit eine öffentliche Debatte darüber auf, und dann kehrt wieder Ruhe ein, so als würden die kulturell und religiös begründeten Zwänge und Verbote das Leben der Kinder aus vielen konservativen muslimischen Familien nicht auch ohne mörderische Exzesse prägen. Die täglichen Menschenrechtsverletzungen, die sie erleiden, werden, außer von einigen wenigen engagierten Journalisten und Aktivisten, nicht thematisiert. Denn wer das macht, gerät in Verdacht, rechte Klischees zu bedienen. Doch Probleme entstehen nicht dadurch, dass man über sie spricht; sie wachsen, wenn man sie totzuschweigen versucht. Sie verfestigen sich, werden veränderungsresistenter, wenn man die Religion und Tradition, die Wertvorstellungen und Rollenbilder konservativer Muslime mit Kritik verschont und diese behandelt, als seien sie weniger belastbar und einer Auseinandersetzung gar nicht gewachsen. Stattdessen beugt man sich lieber den Forderungen oder Vorwürfen selbsternannter muslimischer Verbandsvertreter und selbstgefälliger Migrantenvereine. Doch je mehr man Einwanderer unter Naturschutz stellt, desto mehr bestärkt man ihr Festhalten an überholten Werten ihrer Herkunftskultur und damit ihre Abneigung gegen eine freie Gesellschaft, die sie nicht kennen, die ihnen fremd ist, die sie verunsichert.

Der Integration dient man damit jedenfalls nicht. Im Gegenteil. Man leistet einer Entwicklung Vorschub, wie wir sie seit Beginn der 1990er Jahre in den Vierteln mit einer hohen muslimischen Einwandererquote beobachten können: Allen im Viertel werden frauenfeindliche Moralvorstellungen und veraltete Rollenbilder aufgezwungen, in denen die Gesetze Allahs einen größeren Stellenwert haben als unsere Grundrechte.

Die Leidtragenden sind vor allem die weniger konservativen, weniger religiösen, die aufgeklärten, liberalen und integrationswilligen Familien. Ihre Töchter werden gemobbt, wenn sie sich den sogenannten Keuschheitsgeboten nicht fügen, ihre Söhne verprügelt, weil sie keine »Ehre« haben, wenn sie ihre Schwestern nicht daran hindern. Die Eltern von Hülya, die ihrer Tochter die Freiheiten des Lebens in einer modernen Gesellschaft ermöglichen wollten, sahen das Mädchen einem Rufmord ausgesetzt, der ihnen schließlich keinen anderen Ausweg ließ, als das Viertel zu verlassen. Hülyas Geschichte nahm einen glimpflichen Ausgang, weil ihre Eltern zu ihr hielten. Cigdem, von der ich hier ebenfalls erzähle, hat nicht so viel Glück gehabt.

Als meine Eltern vor fünfzig Jahren nach Deutschland kamen, waren die Menschenrechte, *insan haklari* auf Türkisch, die es in ihrer alten Heimat nicht gab, für sie das größte Versprechen dieses Landes, der Kern all ihrer Hoffnungen. »Insan haklari«, das sagt meine Mutter heute noch, wenn sie uns Kinder daran erinnern will, wie kostbar dieses Gut der Freiheit ist, für das wir dankbar sein sollten. Es kann und darf nicht sein, dass nur jene darum wissen, die einst anderes erfahren haben.

Aliyah ist bereit, für dieses Recht, für dieses Freiheitsversprechen zu kämpfen. Doch Menschen wie sie müssen sich verstecken, sie haben in der Öffentlichkeit keine Stimme. Das macht es allzu leicht, die Verantwortung für sie gar nicht wahrzunehmen, zu verdrängen und sie ihrem Schicksal einfach zu überlassen. »Das muss sich ändern!«, hat Aliyah gesagt. Ob das tatsächlich geschieht, hängt auch von uns ab, den anderen, die die Vorzüge einer freien Gesellschaft nutzen können. Wir alle stehen in der Pflicht, die Werte und Rechte einer freien Gesellschaft zu verteidigen, immer und überall. Freiheit lebt davon.

Berlin, im März 2014

Vom Recht auf ein selbstbestimmtes Leben

Das Leben muslimischer Einwanderer in Deutschland beschäftigt mich in meiner Arbeit immer wieder. Besonders die jahrelange Arbeit in einem Mädchentreff in Berlin-Neukölln hat meinen Blick für die Probleme junger Einwanderer geschärft und mich vor die Frage gestellt, warum selbst jene unter ihnen, die hier geboren sind, oft so große Schwierigkeiten haben, von den Vorzügen einer freien Gesellschaft zu profitieren. Auch wenn unbestreitbar ist, dass Chancengleichheit in einer Gesellschaft von sozialen Faktoren beeinflusst wird, so habe ich doch bei meinen Recherchen oft festgestellt, welchen prägenden Einfluss der kulturelle und religiöse Hintergrund bei vielen Migrantenfamilien auf die Gestaltungsmöglichkeiten ihres Leben hat. Damit will ich den Einfluss der sozialen Herkunft auf Erfolg oder Misserfolg im Leben nicht kleinreden, aber er bedarf der Ergänzung.

Besonders Kinder aus Familien, denen die traditionellen Bindungen an ihre religiöse und kulturelle Identität wichtiger sind als das Recht auf Selbstbestimmung, haben es im Leben oft schwer. Sie sind zerrissen zwischen dem eigenen Wunsch, frei zu sein, und gleichzeitig dem Drang, den Wünschen der Familie gerecht zu werden. Glücklich können sich all jene schätzen, denen es gelingt, diesen Spagat zur Zufriedenheit aller zu meistern. Aber was ist mit denen, die es nicht schaffen, sei es, weil ihre Familien noch strenger und kontrollierender als andere sind, oder sei es, weil ihnen der Kontakt und somit der Anschluss an unsere freie Bürgergesellschaft völlig fehlt? Sie werden sich selbst überlassen, bekommen hin und wieder vielleicht ein bisschen mehr Aufmerksamkeit, wenn gerade irgendwo wieder etwas passiert ist, ein Bruder seine Schwester, ein Mann seine Frau wegen eines archaischen Ehrbegriffs ermordet hat und die Öffentlichkeit für einen Moment den Scheinwerfer auf die Probleme dieser jungen Menschen richtet. Die Zwänge aber, unter den sie täglich leiden, haben wir nicht auf der politischen Agenda.

Bis heute gibt es trotz zahlreicher Ankündigungen keine bundesweite Notrufnummer für von Zwangsehen Betroffene, und immer noch scheut man sich, dieses Thema auch in der Schule anzusprechen. Die wenigen Pädagogen, die es sich zur Aufgabe machen, den Kindern ein Verständnis von ihren Rechten zu vermitteln, sind eher Ausnahmen. Und wer von ihnen auf die patriarchalischen Rollenbilder in muslimischen Familien zu sprechen kommt, handelt sich schnell den Vorwurf des Rassismus ein. Die Leidtragenden sind die Kinder. Für die Betroffenen fehlt es überall an Aufklärung und an Hilfe.

Wer schon in jungen Jahren eingebläut bekommt, dass Partnerschaft ausschließlich in einer von allen akzeptierten Ehe erlaubt ist, der konzentriert seine ganze Energie darauf, diesen Status möglichst bald zu erreichen. Wer zudem glaubt, dass eine Heirat und damit eine eigene Wohnung, in der man endlich der Kontrolle der Eltern entkommen ist, die ersehnte Freiheit bringt, für den kommt häufig in der Ehe ein böses Erwachen – das habe ich oft genug beobachten können. Es macht mich wütend, mit anzusehen, wie ganze Generationen von Mädchen ihr Leben nur darauf ausrichten, diesem patri-

»VOM RECHT AUF EIN SELBSTBESTIMMTES LEBEN« 65

archaischen Frauenbild gerecht zu werden. Und ebenso wütend macht es mich, dass wir in Deutschland trotz des inzwischen öffentlich verbreiteten Wissens über diese Probleme keine politischen Antworten darauf haben.

Hinzu kommt: Wer aufklären will, sieht sich sowohl mit Attacken wie auch mit falschem Beifall von mehreren Seiten konfrontiert. Da gibt es den Rentner, der die »Alternative für Deutschland« wählt und mir mit einem Schulterklopfen versichert, dass ich als »Volkstürkin« gute Arbeit für dieses Land leiste. Er ist leider kein Einzelfall. Meine öffentlichen Berichte werden häufiger von Menschen rassistischer Gesinnung missbraucht, um ihre menschenverachtenden Thesen publikumswirksam zu verbreiten. Und daneben gibt es den halbstarken Jugendlichen, der mich auf der Straße anpöbelt: »Du machst den Islam schlecht. Du redest schlecht über Moslems.« Und dann gibt es noch jene, die mir eine Nähe zu fremdenfeindlichen Strömungen unterstellen, weil ich die Diskriminierung, die Entrechtung und die Menschenrechtsverletzungen, die im Namen einer Religion und Kultur in Deutschland stattfinden, in meinen Arbeiten kritisiere. Ich erlebe das gerade auch von jenen linksliberalen Kulturrelativisten, die eine solche kritische Auseinandersetzung als Angriff auf die »Religionsfreiheit« denunzieren und am liebsten schlichtweg alles an der muslimischen Kultur unter politischen Naturschutz stellen würden.

Ich kenne sie mittlerweile alle, die Positionen für und wider, die bürgerlichen Salons, deren Publikum gern einmal auf einen intellektuellen Ritt ins wilde Kurdistan geht und deren einziger Kontakt zur muslimischen Lebenswelt der Kauf von Knoblauchcremepaste ist; Menschen, die betroffen die Köpfe schütteln, wenn sie von Geschichten wie der von Aliyah hören, und gleichzeitig von mir wissen wollen: »Wie können wir uns bloß davor schützen?« – so als ginge es um sie, die geschützt

66   GÜNER YASEMIN BALCI

werden müssten. Oder auch jene, die sich besonders heroisch zu den Beschützern von Minderheiten erheben, gegen »Islamophobie« ins Feld ziehen und jederzeit bereit sind, für das Kopftuch-Recht von Lehrerinnen auf die Straße zu gehen, nicht aber gegen den Ehrenmord eines Jungen an seiner Schwester zu demonstrieren.

***

Besonders in meiner journalistischen Arbeit bekam ich die Gespaltenheit unserer Gesellschaft zu spüren. Je nach politischer Windrichtung wird abgewogen, ob eine kritische Berichterstattung über Minderheiten eine Chance hat oder nicht. Die Debatte über das Kopftuch beispielsweise ist in unserer hiesigen Medienlandschaft längst in eine Nische der Berichterstattung abgedrängt worden. In den Redaktionen, egal ob Print oder Fernsehen, interessiert die Frage nicht mehr, und wer sich dennoch kritische Gedanken dazu macht, wird in der Popularitätsskala nicht gerade zwei Plätze weiter vorrücken. Es ist inzwischen auch schwierig geworden, sich sachlich mit dem Thema auseinanderzusetzen, weil es von Fanatikern beider Lager – von Xenophoben wie von muslimischen Extremisten – propagandistisch missbraucht wird.

Dabei geht es nicht nur um das Tuch auf dem Kopf. Ein Mädchen, das schon im Grundschulalter zum Kopftuch gezwungen wird, lebt in der Regel in einem Umfeld, in dem man auch andere Entscheidungen gegen seinen Willen und über seinen Kopf hinweg trifft. Meist ist die Aufnötigung des Kopftuchs der Einstieg in die ständige Ermahnung, seine angeblich zu weiblichen Reize zu verbergen, die einen Mann zu seinem naturgegebenen triebhaften Handeln verleiten können. So wird kein Mädchen ein normales Verhältnis zu seiner Körperlichkeit entwickeln: Auch Aliyah dachte lange, Sex sei etwas »Schmutziges«.

»VOM RECHT AUF EIN SELBSTBESTIMMTES LEBEN« 67

Wer sich mit Lehrkräften unterhält, die an Schulen mit einem hohen Anteil muslimischer Kinder unterrichten, erfährt schnell, dass die Anzahl der Kopftuch tragenden Mädchen zugenommen hat. Statistiken gibt es dazu allerdings nicht. Vermutlich birgt auch diese Frage, ähnlich wie das Thema Zwangsehen, gesellschaftlichen Sprengstoff, den es politisch zu vermeiden gilt. Dabei schließe ich gar nicht aus, dass es viele selbstbewusste Musliminnen gibt, die sich freiwillig verschleiern, um die geht es aber nicht. Es geht auch nicht um die vielen frei gewählten Partnerschaften, wenn von Zwangsehen die Rede ist. Überhaupt scheint es inzwischen unmöglich geworden zu sein, Menschenrechtsverletzungen in anderen kulturellen und religiösen Milieus in Deutschland anzusprechen, ohne gleich mit Relativierungseinsprüchen überschüttet zu werden. Wenn in den Medien von gewalttätigen Misshandlungen an Kindern die Rede ist, habe ich noch nie gehört, dass plötzlich Stimmen laut werden, man dürfe das Problem nicht verallgemeinern, es gebe auch Kinder, die nicht geschlagen würden. Niemand würde auf die Idee kommen, auch auf alle anderen hinzuweisen, die davon gar nicht betroffen sind.

Nach dem Erscheinen des Buches von Thilo Sarrazin *Deutschland schafft sich ab* und der öffentlichen Empörung über seine Thesen machten die Angst vor rechter Stimmungsmache, aber auch die erzürnten Einsprüche von Islam- und Migrantenverbänden einen nüchternen journalistischen Blick auf nahezu alle diese Fragen unmöglich. So hält man jene, um die es in diesen Auseinandersetzungen geht, klein. Man gesteht ihnen nicht das Recht zu, sich selbst damit auseinanderzusetzen, ein eigenes Urteil zu fällen. Stattdessen bevormundet man sie, weil man es ja selbst viel besser weiß und ihnen gar nicht zutraut, mit der Kritik umzugehen.

Diesen autoritären Herrschaftsgestus bekam ich im Sommer 2011 bei einem Dreh mit Thilo Sarrazin in Kreuzberg zu spüren. Wir hatten Verabredungen mit verschiedenen Interviewpartnern aus der türkischen Community getroffen, die wir zu einem Gespräch mit dem umstrittenen Buchautor eingeladen hatten. Sie sollten die Möglichkeit haben, ihm selbst zu sagen, was sie von seinen Thesen halten. Doch daraus wurde nichts. Eine Gruppe von Linksaktivisten wusste das zu verhindern. Später erfuhr ich, dass ein türkischstämmiger Politiker der Grünen seine Freunde dazu aufgerufen hatte, die Gespräche Sarrazins mit türkischen Geschäftsleuten und Studenten um jeden Preis zu sabotieren. Am Ende war der Dreh in Kreuzberg für einen Sender sogar Grund genug, mir einen Dokumentarfilm-Auftrag zu entziehen.

Was ich in dieser Zeit über die deutsche Medienlandschaft gelernt habe, war sehr lehrreich. Heute weiß ich, dass oft die politische Stimmung im Land, nicht aber das journalistische Für oder Wider die Berichterstattung bestimmt. Geschichten wie die von Aliyah passen höchstens dann, wenn sie öffentlichkeitswirksam sind, am besten mit einem kaltblütigen Geschwistermord gratis obendrauf. Was junge Frauen wie Aliyah täglich an Zwängen erleben, ist kein Stoff für unsere Medien. Dabei ist der von den Eltern bestimmte Ehepartner nur eine der vielen Bevormundungen, die ihr Leben bestimmen.

**

Frei und unabhängig von der Zustimmung ihrer Eltern dürfen selbst heute nur wenige muslimische Mädchen und Jungen wählen, wenn es um den künftigen Ehepartner geht. Für viele Jugendliche ist das »normal«. Aber wenn sich dann doch eine Meinungsverschiedenheit zwischen Eltern und Kindern auftut, welche Braut oder welcher Bräutigam geeignet ist, dann haben es die Söhne leichter als ihre Schwestern, sich gegen ihre Eltern durchzusetzen. Mädchen sind da ziemlich chancenlos, man wird auch in den offiziellen Statistiken kaum Ehegemeinschaften zwischen Musliminnen und Nichtmuslimen finden.

Muslimische Familien haben ein Problem damit, ihren Töchtern Wahlfreiheit beim Ehepartner zu lassen. Man gestattet ihnen höchstens, den einen oder anderen Bewerber abzulehnen. Auch Aliyahs Vater beteuert, seine Tochter hätte doch keinen der Kandidaten heiraten *müssen*. Einige Migrationsforscher in Deutschland sprechen deshalb auch von »arrangierten Ehen« – den Ausdruck »Zwangsehe« lehnen sie ab. Solange ein Mädchen nicht in Handschellen vor den Imam geführt wird, ist es für sie offenbar eine »arrangierte Ehe«. Für mich erschließt sich nicht, welch fundamentaler Unterschied zwischen den beiden bestehen soll. Aber an ihm festzuhalten ist politisch opportun, denn eine »Zwangsehe« hat juristische Konsequenzen. Deswegen wird um die »arrangierte Ehe« ein Gespinst an beschönigenden Beschreibungen gelegt, die mit der Realität der Entscheidung, wen die Tochter heiraten soll, wenig zu tun haben.

Eine, die sich nach Kräften bemüht, uns durch feinsinnige Sprachregelungen einen Unterschied nahezubringen, ist Gaby Straßburger, Professorin an der katholischen Hochschule für Sozialwesen in Berlin und von der Politik gern konsultierte Expertin. »Zwangsehen«, so heißt es von ihr in einem Beitrag zum Sachverständigenrat des Landes Nordrhein-Westfalen, »sind äußerst selten und gelten auch in der türkischen Bevölkerung als Menschenrechtsverletzung.« Und trotzdem gibt es sie – juristisch verfolgt werden sie kaum. »Arrangierte Ehen« hingegen, so Frau Straßburger, die ihre Erkenntnisse auf »qualitative« Befragungen ihrer muslimischen Studentinnen stützt, »sind keine Zwangsehen. Arrangierte Eheanbahnungen folgen bestimmten Regeln«, die dafür sorgen, »dass Selbstbestimmung und Familienorientierung ausbalanciert werden«, und verhindern damit, »dass Druck auf die potentiellen Heiratskandidatinnen ausgeübt wird«.

Auch viele von Aliyahs ehemaligen Mitschülerinnen würden jederzeit auf den Koran schwören, dass es in ihren Familien keinen Zwang zur Annahme eines bestimmten Heiratskandidaten gibt. Heiraten wollen alle, viele am liebsten gleich nach Beendigung der Schule. Die Hochzeit ist ihr großer Tag, der wichtigste in ihrem Leben, an dem sie im Mittelpunkt stehen und sich herausputzen dürfen. Da legen junge Frauen, die ich auf der Straße nur als verschleierte graue Mäuse erlebt habe, die langen Gewänder ab und bonbonfarbene paillettengeschmückte Kleider mit Tüllschleifen, engem Mieder und tiefem Dekolleté an, lachen, kreischen, tanzen, girren und flirren und schicken heimliche Blicke zu den Männern hinüber, die bei traditionellen Hochzeiten konservativer muslimischer Familien getrennt von den Frauen sitzen. »Tanz der Vampire« nannte Aliyah das einmal, als sie mir von ihrem Albtraum erzählte, auf ihrer eigenen Hochzeit mit einem ungewollten Ehemann wie versteinert dazusitzen, die Beine schwer wie Blei und unfähig, dem Treiben zu entkommen. Nie würde sie ihre Eltern bestimmen lassen, wen und wann sie zu heiraten habe! Hingegen beteuern zahlreiche, vielleicht sogar die meisten jungen Frauen, auf die ich bei meinen journalistischen Recherchen treffe, dass sie es gut und richtig finden, wenn die Eltern den künftigen Ehemann aussuchten. Die wüssten einfach besser, wer zu ihnen passe. Frau Straßburger stimmt ihnen darin zu: »Glück und Stabilität einer Ehe« sieht sie am ehesten dadurch gesichert, »dass man gemeinsam in der Familie prüft, ob die Voraussetzungen für das Gelingen der Ehe günstig sind«.

Dieses Zutrauen hatte Aliyah nicht. Nur zu gut erinnerte sie sich, wie der Familienrat über ihre Cousine Iman gerichtet hatte. Anders als Frau Straßburger, die von einer »ergebnisoffenen Ausgestaltung der Eheanbahnung« spricht, war Aliyah bewusst: Das Thema Heirat hatte sich mit ihrer Ablehnung der bisher aufgebotenen Kandidaten nicht erledigt, zumal sie aufgrund ihres Alters inzwischen »überfällig« war. Ihre Tanten erinnerten sie oft genug daran. Wer »zu alt« ist, erzielt keinen guten Preis mehr, ein solches Mädchen gilt leicht als nicht mehr formbar, womöglich ist es aufmüpfig und sexuell nicht mehr ganz unerfahren. Eine junge Frau, die die Anwerbeversuche zu häufig mit einem »Nein« ausschlägt, macht sich verdächtig – sie könnte sich bereits mit einem Mann eingelassen haben. Für ihr Sträuben muss es noch andere Beweggründe geben, eine verbotene Liebschaft womöglich. Denn das »Heiraten« an sich ist unausweichlich. Ein Leben außerhalb der Ehe ist für muslimische Familien nicht denkbar.

Aliyahs Liebster aber würde nie als ihr Ehemann in Betracht kommen – Dimi war kein Muslim. Und da endet Frau Straßburgers »ergebnisoffene Ausgestaltung der Eheanbahnung«, Mevlude hatte das ihrer Tochter bereits unmissverständlich klargemacht, als sie von Dimi erfahren hatte. »Und wenn er bis nach Mekka pilgert und ein richtiger Haci wird«, hatte die Mutter gesagt, »ich werde ihn nie akzeptieren!« Ein Nichtmuslim kommt als Heiratskandidat nicht in Frage, selbst wenn das Mädchen, wie Aliyah, sich diesen Partner ausdrücklich wünscht. Ein solches Selbstbestimmungsrecht, Grundpfeiler demokratischer Gesellschaften, gibt es in dem geschönten muslimischen Familienbild, das Frau Straßburger malt, auch nicht.

Experten wie sie sorgen dafür, dass das heikle Thema »Zwangsehen« diskret aus dem rechtsstaatlichen Verantwortungsbereich entsorgt wird. »Zwangsehen«, so definiert sie, »sind keine arrangierten Ehen, sondern Ehen, bei denen familiäre Machtverhältnisse dazu genutzt werden, gegen die Regeln einer arrangierten Eheanbahnung eine Heirat zu erzwingen, die dem freien Willen widerspricht.« Der »freie Wille« von Aliyah hatte sich für Dimi entschieden. Die Familie war anderer Auffassung. Ein solcher Konflikt wird bei Frau Straßburger patriarchalisch gelöst. Sie setzt ganz auf die fürsorgliche Familie, deren einziges Sinnen und Trachten dem Wohl und keinesfalls der Bevormundung ihres Kindes gilt – eine Familie, die die »Kommunikationsregeln« der Eheanbahnung einhält und weiß, dass »der Prozess an jeder Stelle abgebrochen werden (kann) bzw. nur dann fortgesetzt (wird), wenn die potentiellen HeiratskandidatInnen Zustimmung signalisieren«.

Organisationen wie »Terre des femmes«, »peri e. V.« oder »Hennamond e. V.« – um nur einige der wichtigsten Adressen zu nennen – könnten die Wissenschaftlerin da eines Besseren belehren. Allein bei »Terre des femmes« suchen 50 bis 60 Anruferinnen, denen eine Zwangsheirat droht, jeden Monat Rat und Hilfe.

***

Bisher gibt es kaum empirische Studien zur Problematik der Zwangsehen in Deutschland. Der ehemaligen Familienministerin Kristina Schröder ist es zu verdanken, dass wir über die ersten verlässlichen Zahlen zu diesem Thema verfügen. Im November 2011 wurden die Ergebnisse einer von ihr beauftragten Studie veröffentlicht. 2009 und 2010 waren dafür 1445 Beratungsstellen im ganzen Bundesgebiet zu ihren Erfahrungen mit dem Thema befragt worden. Leider hatten sich nur 830 von ihnen zurückgemeldet. Schon die aber hatten allein im Jahr 2008 in Deutschland 3443 Fälle von Zwangsverheiratung registriert. Ein Drittel der Opfer waren minderjährige Mädchen, das jüngste war gerade einmal neun Jahre alt. Fast die Hälfte der zwangsverheirateten Mädchen hatte die Schule ohne Abschluss verlassen – was dann wiederum Kon-

»VOM RECHT AUF EIN SELBSTBESTIMMTES LEBEN«

sequenzen hat: Schlecht ausgebildet, sinkt die Chance, sich aus einer solchen Zwangsehe zu befreien. 252 betroffene Männer hatten sich bei den Beratungsstellen gemeldet. Mehr als 80 Prozent von ihnen stammten aus muslimischen Familien, jedes vierte Opfer hatte einen türkischen Familienhintergrund.

Die Ministerin machte seinerzeit aus diesen Zahlen kein Geheimnis und wurde dafür von einigen Wissenschaftlern – unter denen auch Frau Straßburger nicht fehlen durfte – heftig attackiert. Einige von ihnen gehörten dem wissenschaftlichen Beirat der Erhebung an. Sie fühlten sich »hinters Licht geführt«. Ihnen gefiel nicht, dass die Ministerin den religiösen Hintergrund der Betroffenen so deutlich benannte. Man warf ihr eine »verzerrende« Interpretation, »Missbrauch« und »Instrumentalisierung« der Ergebnisse zum Zwecke »antiislamischer Propaganda« vor. Denn ob die Religionszugehörigkeit der Betroffenen wirklich abgefragt oder im Nachhinein von den Beraterinnen und Beratern so erinnert oder gar nur vermutet wurde, sei nicht präzise ermittelt worden. Hier würden nur »Scheinkorrelationen« hergestellt.

Mir scheint ein solcher Einwand doch ziemlich an den Haaren herbeigezogen, schließlich war die Frage nach der Religionszugehörigkeit der Klienten Bestandteil des offiziellen Erhebungsbogens. Wäre der Einwand in diesem Punkt berechtigt, müsste man alle Ergebnisse der Studie anzweifeln. Das scheint auch den Kritikern gedämmert zu haben, denn vorsichtshalber schoben sie in ihrer Polemik nach, dass die »genannte Zahl« von mehr als 80 Prozent muslimischer Zugehörigkeit auch deshalb mit »Vorsicht zu genießen« sei, weil sie nichts darüber aussage, »welchen Stellenwert Religion im Alltag bzw. im Handeln gespielt hat. So ist es durchaus möglich und wahrscheinlich, dass andere Faktoren als der religiöse Hintergrund eine zentrale Rolle spielen.« Als schlagendes Gegenargument führen sie dann an, dass »der sexuelle Missbrauch von Kindern und Jugendlichen in kirchlichen Zusammenhängen« doch schließlich auch nicht »zentral auf den christlichen Glauben der Täter zurückzuführen« sei, eher schon auf mögliche »autoritäre und Täter abstützende Strukturen«.

Die damalige Familienministerin Kristina Schröder hatte allerdings nichts anderes getan, als davor zu warnen, einen Zusammenhang mit dem Islam grundsätzlich zu verleugnen. Sie forderte die muslimischen Verbände auf, Zwangsehen stärker zu bekämpfen, und gab ihren Kritikern die einzig richtige Antwort: »Ganz egal, ob Zwangsverheiratungen letztlich familiär, kulturell, religiös oder sozial begründet sind – keine Begründung ist mit dem Menschenbild unseres Grundgesetzes zu vereinbaren.«

Das sieht Heiner Bielefeldt, Professor für Menschenrechte und Menschenrechtspolitik an der Universität Erlangen, ganz anders. Es sei falsch, so Bielefeldt, »wenn der Eindruck entstünde, der einzige Weg der Befreiung aus dem Autoritarismus bestimmter kultureller Milieus sei die Assimilation an die Mehrheitsgesellschaft«. Er hält es für »problematisch«, »Menschenrechte in den Horizont einer westlichen ›Leitkultur‹ zu stellen«. Das verlange »Menschen aus kulturellen Minderheiten« die »kulturelle Angleichung an einen als homogen imaginierten westlichen ›way of life‹« ab.

Dass ausgerechnet ein Lehrstuhlinhaber für Menschenrechtspolitik das Gebot der Menschenrechte – als könnte man auch auf sie verzichten – als »westlichen ›way of life‹« abtut und damit einen unserer grundgesetzlichen Pfeiler diskreditiert, ist bestürzend. Auch bei Herrn Bielefeldt muss man – wie bei Frau Straßburger – fragen, ob er je in der Moderne eines demokratischen Rechtsstaates »angekommen« ist. Menschenrechte, das müsste doch gerade dieser Professor wissen,

»VOM RECHT AUF EIN SELBSTBESTIMMTES LEBEN« 75

basieren gerade darauf, dass sie einen universalen Anspruch erheben – unabhängig von Kultur, Religion und Geschlecht.

***

Dass viele muslimische Jugendliche Aufklärung nicht für notwendig halten, kann ich noch nachvollziehen. Sie wollen ihren Familien und der muslimischen Community gerecht werden, und das bedeutet, der Gemeinschaft zu folgen, nicht den individuellen Bedürfnissen. Dass sie – mal mehr, mal weniger überzeugend – behaupten, die Zwänge ihrer Kultur und Religion seien gar keine Zwänge, sondern entsprächen ihren eigenen Lebensvorstellungen, dafür habe ich Verständnis. Denn nicht jeder hat den Willen und die Kraft, sich aus einem Kollektiv zu befreien, um tatsächlich selbstbestimmt zu leben. Ich habe auch schon kleine Mädchen getroffen, die mir versicherten, dass sie als Siebenjährige freiwillig das Kopftuch gewählt hätten und dass es für sie nicht wichtig sei, im Sommer ins Schwimmbad zu gehen oder Fahrrad zu fahren. Und manches 15- oder 16-jährige Mädchen rechtfertigt sein Schulversagen mit dem Argument, mit Kopftuch habe es bei »den Deutschen« ohnehin keine Chancen auf seinen Wunschberuf, folglich sei jede Anstrengung doch nur vergebliche Liebesmüh. Wenn niemand in der Kita oder Schule dagegenhält, werden diese Mädchen auch keine andere Meinung dazu kennenlernen. In Deutschland gibt es gerade in der pädagogischen Arbeit weitestgehend die Einstellung: Muslimische Familien sind eben anders, das geht uns nichts an. Oder: Da dürfen wir uns nicht einmischen. Dass dieses »Anderssein« aber oft gegen fundamentale Rechte ihrer Kinder verstößt, besonders ihrer Töchter, daran stoßen sich nur Organisationen und Vereine, die es sich zur Aufgabe gemacht haben, die Rechte von Mädchen zu stärken.

Dass angehende Erzieher und Pädagogen oft eine ablehnende Haltung gegenüber einer solchen Aufklärungsarbeit haben, braucht nicht zu verwundern, wenn »Experten« wie Gaby Straßburger mit ihren fragwürdigen Positionen für ihre Ausbildung zuständig sind. Bei einer meiner letzten Lesungen aus meinem Buch *Arabqueen* in der Friedrich-Ebert-Stiftung durfte ich erfahren, wie sie argumentieren. Obwohl ich eingeladen war, um von meinem Buch zu erzählen, ging es in der Diskussion nicht um die Geschichte von Fatme und Mariam, es ging um den Islam. Gleich zu Beginn wurde mir von Schülern einer Erzieherschule in Berlin vorgeworfen, die »Islamophobie« in Deutschland zu schüren. Auch wenn ich mit dem Begriff so gar nichts anfangen kann, frage ich mich doch, was mir damit denn gesagt werden soll: Die psychologische Definition des Begriffes Phobie beschreibt ein Angstgefühl, das durch immer gleiche, faktisch ungefährliche Situationen hervorgerufen wird. Ich selbst, das kann ich versichern, bin aber in meiner Arbeit keineswegs von Herzklopfen, Angst- oder Schwächegefühlen begleitet, nur weil es in Deutschland praktizierende Muslime gibt. Und wer durch das Lesen meiner Bücher panische Angstattacken bekommt, dem kann wohl nur ein Arzt helfen. Was also soll der Vorwurf der Islamophobie, außer dass er eine inzwischen gern gebrauchte Wortmünze ist? Man stützt ihn oft auch mit dem Vergleich zum Antisemitismus, das gibt ihm erst noch die gewünschte Schärfe und suggeriert, dass seinerzeit die Juden die Opfer waren, es heute hingegen die Anhänger des Islam sind, denen man das Recht auf ihre Religion in Deutschland verwehren wolle. Tragisch daran ist, dass gerade unter Muslimen (auch in Deutschland) ein offen gelebter Antisemitismus verbreitet ist, der sich mit dem Judenhass deutscher Rechter durchaus messen kann.

Eine Religion und ihre Auswirkungen auf das Leben von Menschen kritisch zu hinterfragen ist weder ein Zeichen von Antisemitismus noch von Islamophobie, sondern spiegelt das

Recht und die Fähigkeit wider, in guter Tradition der Aufklärung den Verstand zu gebrauchen. Wenn mir Eltern, deren Töchter sich in einen strenggläubigen Muslim verliebt haben, davon erzählen, dass sie das mit Sorge oder gar Angst erfüllt, dann ist das keine irrationale Phobie, sondern eine berechtigte Besorgnis. Es ist auch nachvollziehbar, wenn Anwohner einer salafistischen Moschee in einem Berliner Industriegebiet, die mir von unangenehmen Erlebnissen mit bärtigen Männern in weißen Kutten und schwarzverschleierten Frauen berichten, mich zugleich bitten, sie nicht mit ihrem Namen zu zitieren. Sie sind alltäglichen Diskriminierungen und Bedrohungen von diesen Sittenwächtern ausgesetzt, die es sich herausnehmen, ihren Mitmenschen mit dem moralischen Zeigefinger zu kommen, nur weil nicht jeder ein Leben nach strengen islamischen Regeln führen möchte.

Wer Angst vorm Islam hat, weil er in ihm, so wie er auch in Deutschland von den meisten Verbandsfunktionären und Imamen gelehrt wird, einen Angriff auf die freiheitlichen Grundrechte und vor allem einen großen Widerspruch zur Gleichberechtigung zwischen Mann und Frau sieht, der hat durchaus Grund dazu. Diese Ängste finden ihre Ursache nicht in Ressentiments und Vorurteilen, sondern in der Realität. Es sind vor allem säkulare und liberale Muslime, die diese berechtigten Ängste haben. Gerade damit wir nicht Zustände bekommen wie zum Beispiel in Russland, wo jüngst Tausende auf die Straße gingen, um ihrem Fremdenhass Luft zu machen und »die Muslime« zum Feindbild zu erklären, brauchen wir einen Diskurs, der nicht davor zurückschreckt, Probleme offen anzusprechen. Erst dann können wir gemeinsam nach Lösungen suchen.

***

Immer wieder werde ich gefragt, was ich von meinen türkisch-, kurdisch-, arabischstämmigen Kollegen halte, die einen weniger kritischen Blick als ich auf die muslimischen Einwanderer werfen, sondern viel lieber betonen, dass es so viele großartige Beispiele gelungener Integration gibt, die man viel zu selten in der Berichterstattung erwähne. Ich kann dazu nur sagen, wir brauchen diese Kollegen, denn ohne sie gäbe es auf diesem Gebiet keine Meinungsvielfalt. Es wäre schön, wenn sie in diesem Sinne auch auf meine Arbeit schauen würden – niemand sollte den Anspruch auf Deutungshoheit über das Leben muslimischer Menschen mit Einwanderungsgeschichte erheben.

Ich freue mich über Erfolgsgeschichten von Einwanderern, über türkische Nachrichtensprecher in den deutschen Medien, Schauspieler, Comedians, Regisseure und erfolgreiche Buchautoren, die ihre Leser mit lustigen Anekdoten aus deutsch-türkischen Alltagsgeschichten erheitern. Dass aber genau aus diesem Lager immer wieder Angriffe gegen meine Arbeit kommen, zeigt für mich, dass wir, Vertreter der zweiten und dritten Generation türkischer Gastarbeiter, weitaus weniger in Deutschland angekommen sind, als wir meinen. Denn die Geschichten, die ich erzähle, sind keine Geschichten von einem anderen Planeten. Es sind Geschichten von Menschen, die für mich ein selbstverständlicher Teil der deutschen Gesellschaft sind, denen aber all die Rechte, die uns das Leben in einer freien Bürgergesellschaft so angenehm machen, vonseiten ihrer Familien verwehrt werden.

Mein Buch *Arabqueen* wurde besonders von muslimischen Mädchen sehr angenommen, auch das Theaterstück fand großen Zuspruch. Es gab immer wieder Aufführungen, bei denen Mädchen von der Geschichte von Mariam und Fatme so berührt waren, dass sie bei einzelnen Szenen weinen mussten. Heute noch sagen mir junge Frauen, dass sie sich in der Geschichte der *Arabqueen* wiederfinden. Für mich persönlich ist das der größte Erfolg, denn ich glaube, dass es sehr wichtig ist, sich auch in der Kunst, der Musik, dem Theater und der Literatur eines Landes wiederzufinden, um sich hier zu Hause zu fühlen. Das bedeutet nicht, dass es nur Geschichten sein müssen wie die der *Arabqueen*.

Als die Autoren Kai Hermann und Horst Rieck 1978 das Buch *Wir Kinder vom Bahnhof Zoo* veröffentlichten, die Geschichte der drogensüchtigen Christiane F. und ihrer Freunde, die immer weiter in die Beschaffungskriminalität durch Prostitution abgleiten, quittierte niemand die schonungslose Beschreibung der Verhältnisse, aus denen diese Kinderprostituierten kamen, mit dem Vorwurf des »Rassimus«. Genau diesen Vorwurf aber muss ich mir immer wieder anhören, wenn es um meine Bücher *Arabboy* und *Arabqueen* geht. Aliyah und Mariam, meine *Arabqueen*, stammen nicht aus verwahrlosten Verhältnissen, aber was in anderen Familien durch Alkohol, Drogenmissbrauch oder Gewalt in der Entwicklung eines Kindes angerichtet werden kann, findet in ihren Familien sein Pendant in dem Beharren auf einem Ehrbegriff, der keine Rücksicht nimmt auf das Recht des Einzelnen.

Wer diesen Gedanken versteht, dürfte mir nie wieder Rassismus vorwerfen, denn mein Anliegen ist genau gegenteilig: Es ist eine Kampfansage an alle, die glauben, Aliyah und ihre Familie gehörten *nicht* zu unserer Gesellschaft.

Ansonsten aber scheren mich die Meinungen von Islamisten, Rechtsradikalen und anderen Irren, die sich zu meinen Feinden erklären, herzlich wenig – nicht einmal jene Wahnsinnigen, die mir nach dem Leben trachten. Für mich sind ihre Angriffe eher ein Zeichen dafür, wie notwendig die Auseinandersetzung ist, die ich in meinen Büchern fordere. Es würde bei mir Zweifel wecken, wenn ein konservativ-muslimischer Verbandsvertreter mir tatsächlich Anerkennung für meine Kritik an der Rolle der Frau in der muslimischen Gesellschaft entgegenbringen würde; oder wenn ein bekennender Neonazi auf einmal Verständnis für meine Forderung hätte, dass alle Einwanderer als ein selbstverständlicher Teil der deutschen Gesellschaft angesehen werden müssen. Betroffen macht mich nur die Kritik von Jugendlichen, die in jedem meiner Bücher, in jedem meiner Fernsehberichte einen Angriff auf ihre Religion oder Familie sehen. Zwar hat ein muslimisches Mädchen, das sich darüber empört, dass ich den Zwang zur Jungfräulichkeit thematisiere, mein volles Verständnis, meine Unterstützung aber gilt dem Mädchen, das sich gegen diesen Zwang auflehnt.

In einem Europa, das Menschenrechte am Hindukusch verteidigt, sollte es eigentlich selbstverständlich sein, dass jeder Mensch ein Recht auf seinen individuellen Lebensentwurf hat, jenseits aller Sitten und Bräuche, Gebote und Verbote seiner Familie; dass Mädchen nicht anders behandelt werden, weil sie Mädchen sind; dass das »Jungfräulichkeitsgebot« nicht darüber entscheidet, ob eine junge Frau leben darf oder sterben muss. Aber für manche ist das nicht selbstverständlich. Und jene, die wie Aliyah unter Einsatz ihres Lebens dafür zu kämpfen bereit sind, aber in der Isolation einer untergetauchten Existenz leben müssen, dürfen dabei nicht alleingelassen werden.

MARTIN SEEL

»Ist eine rein säkulare Gesellschaft denkbar?«

Der Titel meines Beitrags ist alles andere als eindeutig – er ist es so wenig, dass ich fast bis zum Schluss damit beschäftigt sein werde, ihm einen derart klaren Sinn zu verleihen, dass sich eine Antwort beinahe erübrigt. *Denkbar* ist bekanntlich vieles, *konsistent* denkbar schon erheblich weniger und – im Einklang mit unserem übrigen Wissen von der Welt – *plausibel* denkbar schon gar nicht mehr so viel. Meine Frage zielt darauf, ob und wie plausibel die Idee einer säkularen Gesellschaft ist – und damit: was wir mit einer voranschreitenden oder zurückgehenden Säkularisierung unserer Gesellschaften möglicherweise verlieren oder gewinnen würden.

1. Säkularisierung

Freilich könnte man sich fragen, was es da eigentlich zu fragen gibt. Säkulare Staaten und säkulares Recht haben wir immerhin in einigen Weltgegenden schon. Warum sich also mit philosophischer Denkbarkeit aufhalten, wo es doch hinreichend Wirklichkeiten gibt, an denen sich der Zustand säkularer Gesellschaften untersuchen lässt? Die einfachste Antwort hierauf liegt in der bekannten, immer wieder zitierten, mit zweifelnder Intonation vorgebrachten, aber in Form einer These for-

82   MARTIN SEEL

mulierten Sentenz von Ernst-Wolfgang Böckenförde aus dem Jahr 1967: »Der freiheitliche, säkularisierte Staat lebt von Voraussetzungen, die er selbst nicht garantieren kann.«[1]

Diese Vermutung setzt voraus und erkennt an, dass es säkulare Staaten gibt, weist aber darauf hin, dass sie als säkulare einer möglicherweise konstitutiven Instabilität ausgesetzt sind. Denn als säkulare Gebilde, so Böckenförde im Anschluss an Hegel, bleiben Staaten »ohne geistiges Prinzip«.[2] Sie können ihre Normen und Werte nicht mehr mit objektivem Anspruch begründen. Sie haben »Grundlage und Halt nur im aktuellen Konsens der Bürger«.[3] Der moderne demokratische Staat, so heißt es an anderer Stelle unter Hinweis auf Carl Schmitt, muss seine Normativität aus letztlich subjektiven Wertüberzeugungen beziehen, die ein »höchst dürftiger und auch gefährlicher Ersatz« seien für die »Homogenität« des sittlichen Empfindens, wie sie die christliche Tradition und für eine kurze Weile die Idee der Nation bereitgestellt hatten. Ein Rekurs auf säkulare »Werte« öffne »dem Subjektivismus und Positivismus der Tageswertungen das Feld, die, je für sich objektive Geltung verlangend, die Freiheit eher zerstören als fundieren«.[4] Von seinen Gewährsleuten verleitet, lässt sich Böckenförde hier auf eine demokratietheoretische Alternative ein, die alles andere als vollständig ist: Entweder die normativen Grundlagen einer Gesellschaft können aus objektiven, überindividuellen Quellen bezogen werden, oder es bleibt letztlich alles dem Zufall des subjektiven Beliebens überlassen.[5] Darum, so die Suggestion, muss ein säkularer Staat auf gut Glück darauf vertrauen, dass im Leben der Gesellschaft noch genug herkömmliches Empfinden für Recht und Unrecht lebendig ist, das seine Grundordnung weiterhin trägt.

Rechtsphilosophisch lässt sich diese Konstruktion in vielerlei Hinsicht kritisieren, nicht zuletzt durch den Nachweis, wie moralische und rechtliche Grundnormen mit säkularen Mitteln begründet werden können.[6] Auch ließe sich mit guten Gründen die historische Prämisse bestreiten, dass Religionen auf eine in modernen Zeiten unerreichbare Weise in der Lage waren, für den inneren Frieden der von ihnen beherrschten Gesellschaften zu sorgen – ganz zu schweigen vom Frieden unter ihnen. Aber darauf kommt es mir hier nicht an. Was mich interessiert, ist die von Böckenförde ins Spiel gebrachte systematische These, dass säkulare Staaten ihre normative Schwäche auf *gesellschaftlicher* Ebene durch ein wachgehaltenes religiöses Bewusstsein kompensieren müssen. So heißt es bei ihm: »Als persönliches Bekenntnis des einzelnen, als durch die religiöse Überzeugung der Bürger vermittelte gesellschaftliche (und insofern auch politische) Kraft vermag der christliche Glaube auch und gerade im ›weltlichen‹ Staat wirksam zu sein, ja die Religion wird in diesem Staat gerade zu solcher Wirksamkeit freigegeben: Religionsfreiheit ist nicht nur ›negative‹, sondern ebenso ›positive‹ Bekenntnisfreiheit der Bürger.«[7] Diese Beobachtung führt den Autor zu einer, wie er sagt, »prinzipiellen« Frage: »Wieweit können staatlich geeinte Völker allein aus der Gewährleistung der Freiheit des einzelnen leben ohne ein einigendes Band, das dieser Freiheit vorausliegt?«[8] Das Band aber, das er hier im Auge hat, ist kein anderes als das der Religion.

Eine Frage dieser Art möchte ich meinerseits stellen – die Frage nämlich, ob es trotz dieser Unkenrufe eine säkulare Sittlichkeit geben kann und damit eine demokratische Gesellschaft, die für ihr Bestehen nicht mehr auf die unterstützende Kur eines religiösen Bewusstseins angewiesen wäre. Den Titel einer »säkularen« *Gesellschaft* verwende ich dabei im Folgenden – im Unterschied zum säkularen *Staat*, den wir heute in unterschiedlichen Ausprägungen *haben* – für einen Zustand, den wir in unseren Breiten *nirgends* haben: einen Sozialzusammenhang, in dem alle Teilnehmer – mit der bekannten, auf Max Weber zurückgehenden Wendung von Jürgen Habermas – »religiös unmusikalisch« geworden wären. Unter »säkular« verstehe ich dabei die Einstellung einschließlich ihrer Manifestation in Gefühlen, Erfahrungen, Gedanken und diversen sozialen Praktiken, dass es in normativer Hinsicht nichts darüber hinaus gibt und dass folglich nichts darüber hinaus zählt, als das, was die Menschen einander und sich selbst schulden. Säkular in diesem Sinn ist eine individuelle und kollektive Lebensführung, in der – auf eine freilich erläuterungsbedürftige Weise – der Mensch das Maß aller Dinge ist. Die Mitglieder einer Gesellschaft, die von einer solchen Lebensweise getragen wäre, hätten nicht nur keine *Religion* im Sinn einer Orientierung an rituell verstetigten, theologisch gedeuteten und kirchlich institutionalisierten Heilslehren, sie wären auch nicht länger *religiös* in dem schwächeren Sinn einer von den Dogmen bestimmter Religionen losgelösten Transzendenzerfahrung und Transzendenzerwartung, wie sie für viele Angehörige heutiger Gesellschaften charakteristisch ist, die sich von der Bindung an organisierte Glaubensgemeinschaften verabschiedet haben. Für eine solche ungebundene Religiosität kann bereits Goethes *Faust* stehen, der sich auf Gretchens Frage zwar – nach der feinsinnigen Deutung von Peter Strasser – zu einer »Art religiöser Haltung«, aber eben nicht, wie von der Begehrten gewünscht, zum Christentum oder gar einer bestimmten christlichen Konfession bekennt.[9] Nicht wenige der heutigen Menschen, die sich als religiös bezeichnen, teilen diese Haltung. Sie sehen das menschliche Leben oft in einem recht unbestimmten Bezug zu einem höheren Walten, mit dem sie sich als Individuen verbunden fühlen. Selbst diese Warte einer gegenüber allen kirchlichen Bekenntnissen indifferenten religiösen Haltung aber bliebe in einer rein säkularen Gesellschaft unbesetzt. Ich möchte die Leser bitten, sich mit mir auf das Gedankenexperiment einzulassen, ob eine halbwegs gerecht funktionierende Gesellschaft *allein* auf einer in Glaubensdingen agnostischen Grundlage bestehen könnte – eine Gesellschaft, in der religiöse Empfindungen, Überzeugungen, Riten und Organisationen gar keine Rolle mehr spielen würden.

Ich spreche bewusst von einer »halbwegs« gerecht funktionierenden Gesellschaft, um anzuzeigen, dass mir nicht daran gelegen ist, in utopische Spekulationen auszuweichen.[10] Ich möchte stattdessen viel bescheidener erkunden, ob eine strikt säkulare Gesellschaft denkbar ist, die mindestens so gut wie eine der stabileren heutigen demokratischen Gesellschaften funktionieren könnte – zugegebenermaßen mehr schlecht als recht, aber doch im Weltmaßstab *vergleichsweise* recht. Meine Hoffnung ist, dass diese Erkundung am Ende Aufschluss über die normativen Grundlagen gerade auch der gegenwärtigen demokratischen Gesellschaften zu geben vermag.

Wichtiger noch ist eine weitere Erläuterung. Die Frage, die ich verfolge, lautet nicht, ob eine Gesellschaft, in der, anders als in unserer heutigen, das Interesse an religiösen Praktiken gänzlich verschwunden wäre, *wünschbar* sein könnte. In meinen Augen stellt sich diese Frage nicht, denn die Antwort ist klar: Ein solcher Zustand ist alles andere als wünschbar. Ein Wegfall religiösen Bewusstseins und religiöser Praxis wäre ganz unabhängig von dem spirituellen Schaden aus der Sicht der jeweiligen Religionen ein Verlust an historischer Tiefe und kultureller Differenz; es wäre zudem auch in normativer Hinsicht ein Verlust, worauf ich unten zurückkommen werde. Die Frage bleibt aber, wie moralisch und politisch *desaströs* dieser Verlust wäre.

Erwähnen möchte ich auch noch, dass meine Überlegung wenig mit der Frage zu tun hat, wie wahrscheinlich oder unwahrscheinlich ein solches Aussterben der Religion ist. Meine Frage ist nicht die empirische, wie es um die Religion heute steht, sondern die prinzipielle, wo wir ohne Religion stünden. Wie sich aber zeigen wird, kann selbst diese rein theoretische Reflexion einen Hinweis auf die Zukunft des religiösen Bewusstseins geben.

Nach diesen Vorbereitungen, die vor allem den Sinn hatten, die Antwort auf meine Titelfrage vorerst offenzuhalten, kann ich dieser nun eine ausführlichere Fassung verleihen: Kann es Gesellschaften (und ihnen zugehörige Staatsformen) geben, die in moralischer und rechtlicher Hinsicht wenigstens so gut eingerichtet wären wie einige der westlichen Demokratien, obwohl in ihren Lebenszusammenhängen religiöse Praktiken in irgendeinem spezifischen Sinn des Wortes keinerlei Rolle mehr spielen?

2. Selbsttranszendenz

Der springende Punkt liegt hier freilich in der Rede von religiösen Praktiken »in irgendeinem spezifischen Sinn des Wortes«. In unseren Tagen wird ja nahezu alles zu Spielarten einer – wenn auch oft, nach Thomas Luckmanns Wort, »unsichtbaren« – Religion erklärt und verklärt, der Medienkonsum, die Spektakel des professionellen Sports, der Wandertourismus auf Jakobs- und anderen Wegen und die Naturbegeisterung ohnehin.[11] Vielen dieser Praktiken kann man sich aber auch ohne alles religiöse Empfinden widmen. Etwas genauer sollten wir daher die Sache schon betrachten. Zu diesem Zweck möchte ich ein Stichwort aufgreifen, das Hans Joas in seiner Aufsatzsammlung *Braucht der Mensch Religion?* gegeben hat. *Über Erfahrungen der Selbsttranszendenz* lautet ihr Untertitel.[12] »Selbsttranszendenz« ist gerade deswegen ein Schlüssel für die Frage nach der Differenz von religiöser und säkularer Lebenspraxis, weil sie *beide*, wie auch Joas mit Nach-

»IST EINE REIN SÄKULARE GESELLSCHAFT DENKBAR?« 87

druck betont, über diese Dimension verfügen. Religiöse und säkulare Lebensformen unterscheiden sich nicht in dem Bedürfnis nach Selbstüberschreitung *als solchem.* Dieses *teilen* sie vielmehr, auch wenn sie es auf unterschiedliche Weise realisieren und kultivieren. Was sie unterscheidet, ist die *Art,* in der ihre Angehörigen über sich selbst hinaus zu sein versuchen. Es sind *Stile* der Selbsttranszendenz, die hier den Unterschied machen.[13]

Joas selbst nennt einige Beispiele dafür, wo und wie Selbsttranszendenz auch diesseits einer religiösen Haltung erfahren und praktiziert werden kann, als da sind die Erfahrung der Liebe, eines intensiven Gesprächs, einer erotischen Begegnung, die Erfahrung ästhetischer Natur, des Helfens und des Empfangens von Hilfe, Gefühle der Scham und der Empörung sowie Formen kollektiver Begeisterung und Ekstase, wie sie sich in Versammlungen der Politik oder des Sports ereignen können.[14] Man könnte auch bestimmte Formen des Humors ins Feld führen oder die Begegnung mit Werken der Kunst. Was die kollektiven Transzendenzerfahrungen betrifft, so vergisst Joas nicht, auf ihren manchmal ambivalenten, ja möglicherweise destruktiven Charakter hinzuweisen. Vielleicht muss man sogar sagen, dass allen Gelegenheiten der Selbsttranszendenz eine solche Gefährdung innewohnt: Wer sich auf andere und anderes hin überschreitet, steht in der Gefahr, sich selbst – seinen Verstand, seine Urteilskraft, seine Balance – zu verlieren. Aber es wäre natürlich töricht, darum in dem Hinausgehen über das eigene Meinen, Wollen und Können als solchem bereits einen Abgrund zu sehen. Denn solange es nicht zur Selbstpreisgabe führt, übt es etwas für eine gelingende Lebensführung Entscheidendes ein: die Bereitschaft, die eigene Position – die eigenen Ansichten und Ansprüche, Erwartungen und Befürchtungen, Sicherheiten und Unsicherheiten – zur Disposition zu stellen. Es handelt sich um Erfahrungen, die meinen bisherigen Gesichtskreis übersteigen und mir dabei zeigen, dass ich nicht der Nabel der Welt bin, dass es in bestimmten Zusammenhängen nicht allein – und manchmal gar nicht – auf mich ankommt, dass ich als einer unter anderen diesen anderen dieselbe Rücksicht schulde, die ich von ihnen erwarte, dass es Phänomene gibt, die sich meinem Verständnis entziehen, und Fähigkeiten, von denen ich nicht einmal träumen kann. Zugleich aber erwachsen mir aus diesen Erfahrungen verlockende Möglichkeiten des Erlebens und Handelns, über die ich allein weder verfügen kann noch verfügen will. Ich gewinne eine Selbstdistanz, die es mir ermöglicht, mich von meiner *Fixierung* auf mein eigenes Meinen und Wünschen zu befreien, und also: mich auf die Welt einzulassen in einer Weise, wie ich es anders nicht könnte.

Diese Affirmation des Unverfügbaren wird oft, und gar nicht zu Unrecht, so beschrieben, dass wir uns in Situationen der genannten Art auf Zusammenhänge einlassen, die »größer sind als wir selbst«. Sie verschaffen uns die Möglichkeit einer Teilnahme und Teilhabe, die uns in der Versteifung auf uns selbst nicht zugänglich wäre. Sie verändern und verwandeln uns in einer zuvor unabsehbaren Weise. Sie machen uns klar, dass uns an uns nur etwas – und nur dann viel – liegen kann, wenn uns nicht zu viel an uns liegt. Hieraus entsteht ein positives Bewusstsein der Endlichkeit unserer eigenen Kräfte, das uns die Fähigkeit verleiht, anderes und andere in seiner und ihrer Andersheit an- und bis zu einem gewissen Grad auch hinzunehmen – bis zu dem Grad, an dem diese Hinnahme den Halt des individuellen und den Zusammenhalt des kollektiven Lebens zu zerstören droht.

Aus dieser Perspektive erweist sich das Vermögen der Selbsttranszendenz, wie es Individuen im Kontext vielfältiger sozialer Gelegenheiten, Rituale und Institutionen zuwächst, als eine fundamentale Quelle der Normativität, die für die Kohäsion von Gesellschaften gleich welcher Art unabdingbar ist. Aus dem Verbindenden entsteht das Verbindliche. Was die Menschen miteinander verbindet oder jedenfalls verbinden kann, ist ein wechselseitiges Gespür dafür, dass sie sich auch beim besten Willen nicht jederzeit in der Hand haben. Selbsttranszendenz – und mit ihr: Selbstrelativierung – in ihren unterschiedlichen Formen, und nur sie, macht moralische und politische Anerkennung möglich. Die Erfahrung, dass der bestimmte andere, wie vertraut er auch sein mag, immer schon und immer noch ein unbestimmter anderer ist, der dabei ist oder dabei sein kann, ein *anderer* anderer zu werden (und dass ich selbst in keiner anderen Lage bin), diese Erfahrung bringt es mit sich, dass in der Anerkennung *eines* anderen bereits der Keim zu einer Anerkennung *beliebiger* anderer liegt. In jedem bestimmten anderen steckt der beliebige andere: Das ist der Grund, warum nicht allein einige, sondern alle ein Recht auf unsere Rücksicht haben – und wir gegenüber ihnen. Ohne die aus sozialer und ästhetischer Erfahrung gewonnene Fähigkeit zur Selbstrelativierung würde das Bewusstsein davon, was wir uns selbst und einander schulden, und damit von Moral und Recht, verkümmern.

Aber auch wenn das richtig wäre – was wäre damit für unser Thema gewonnen? Noch nicht viel. Denn meine Beschreibung der Dynamik der Selbstüberschreitung verhält sich gegenüber der Alternative ihrer religiösen und nichtreligiösen Vollzüge vorerst neutral. Die Transzendenz, um die es geht, kann zum einen als eine rein *innerweltliche* Transzendenz verstanden werden – als ein Übersichhinausgehen in Situationen innerhalb der natürlichen und kulturellen Welt. Sie kann aber zum andern als eine deutlich *stärkere* Überschreitung verstanden werden – als ein Übergang über die phänomenale Welt hinaus. Wir müssen zu verstehen versuchen, worin sich diese beiden Bewegungen unterscheiden, um beurteilen zu können, wie viel an der zweiten, der religiösen Transzendenz, für den Bestand grundsätzlich befriedeter Gesellschaften liegt.

Um hier zu einer Antwort zu gelangen, möchte ich die Grundstruktur der Bereitschaft zur Selbsttranszendenz, die ihren unterschiedlichen Modi gemeinsam ist, noch etwas prägnanter charakterisieren. Sie liegt in der Fähigkeit, *sich aus freien Stücken bestimmen zu lassen* – sich bestimmen zu lassen durch etwas, das das bloß subjektive Wünschen und Wollen übersteigt, mit sich etwas geschehen zu lassen, das einen auf unabsehbare Weise bereichert, und also darin, etwas aus sich machen zu können, das man alleine nicht machen kann. Dies aber ist zunächst nur eine Grundbedingung menschlicher *Selbstbestimmung*.[15] Wer zu ihr in der Lage ist, vermag sich einzulassen auf Verhältnisse und Verständnisse, die nicht nur eine Funktion der eigenen Interessen sind, sondern als ohne weiteres gut erkannt und angenommen werden können, sei es für einige, sei es für alle. Dadurch entsteht eine Orientierung an Möglichkeiten des Erlebens und Handelns, die nicht einfach im Sinne Böckenfördes subjektive Werte sind, sondern solche, die unter Subjekten aus Erfahrung und Einsicht geteilt werden können, und zwar so, dass diese Teilhabe die gemeinsame Sorge um diese Teilhabe mit einschließt. Die Entdeckung, Bewahrung, Revision und Transformation solcher Lebensmöglichkeiten verleiht den Beteiligten die Freiheit (und erst das ist wirkliche Freiheit), sich in ihren *bestimmten* Zielen auf noch *unbestimmte* Ziele hin bestimmen zu lassen. Sie erlaubt es ihnen, in ihrem endlichen Leben ein unendliches Leben zu führen – eines, das sich in unausschöpfbaren Möglichkeiten der Variation der eigenen Möglichkeiten vollzieht.

Meine These ist nun, und auch hierin stimme ich der Diagnose von Hans Joas zu, dass eine religiöse Lebensführung dieser Potentialität des Menschen eine bestimmte Deutung verleiht. Sie ist ein besonderer Modus der Realisierung dieser Struktur einer nichtegomanen Selbstbestimmung. Sie ist ein besonderer Stil eines freizügigen Sichbestimmenlassens und stellt damit ein besonderes Weltverhältnis bereit, aus dem heraus gelebt oder zu leben versucht wird.

Von einer säkularen Realisierung der genannten Struktur unterscheidet sich die religiöse im Kern dadurch, dass sie sich an Bezügen des Lebens orientiert, die nicht allein je meine und je unsere, sondern die *menschlichen* Möglichkeiten übersteigen. Eine religiöse Lebensführung vollzieht sich aus einer Erfahrung der Teilhabe an einem Sinn, den die Menschen und die Menschheit allein nicht gewähren und garantieren können. Die oben beschriebene Transzendierung der jeweils eigenen Fähigkeiten und Möglichkeiten wird hier gleichsam ein zweites Mal vollzogen: über das hinaus, was die Kräfte Einzelner oder Einiger übersteigt, über das hinaus, was von den Menschen als wahr und falsch, sinnlos und sinnvoll ausgemacht werden kann. Sie tritt in Kontakt zu einer gegenüber der phänomenalen ebenso wie der von den Wissenschaften erforschten Welt jenseitigen Sphäre, von der her sie sich bestimmen zu lassen sucht. Genauer muss es freilich heißen: *In dem*, was allen Menschen bekannt ist, was unter ihnen als richtig und falsch, gut und schlecht erscheint, spürt, erfährt und entdeckt das religiöse Bewusstsein eine Dimension der Verbundenheit und Verbindlichkeit, die nicht mehr nur Menschenwerk ist. Die erweiterte Transzendierung, das ist ja ihr ganzer Sinn, führt nicht aus der Welt der Menschen heraus, sondern aus der Sicht derer, die sie vollziehen, anders, besser, erfüllender und somit reicher in sie hinein. So eröffnen sich Bereiche und Bezüge eines Göttlichen oder Heiligen, an denen sich die Lebensführung ausrichten, an denen sie Kraft und Zuversicht gewinnen kann.

Was dies bedeutet, möchte ich an zwei Grundformen des religiösen Bewusstseins verdeutlichen, die sich innerhalb der christlichen Tradition unterscheiden lassen. Diese können sich zwar auf vielfältige Weise mischen und überlagern. Gerade ihre Spannung aber – für die exemplarisch das Leben und Leiden Christi steht – dürfte für das Potential einer religiösen Kultur abendländischer Prägung kennzeichnend sein.[16]

Die eine dieser Formen besteht in einem *Grundvertrauen*, das durch spezifische Erfahrungen der Selbsttranszendierung gewonnen werden kann. In dieser Variante versteht sich der religiöse Mensch nicht nur als jemand, der sich letztlich nicht in der Hand hat, sondern zugleich als jemand, der sich »in der Hand Gottes« weiß. In allem, was er erhofft und befürchtet, in seinem Glück und erst recht in seiner Not glaubt er sich grundsätzlich auf einer sicheren Seite: Ihm – traditionell gesprochen: seiner Seele – wird nichts geschehen. Er muss sich nicht fürchten; er darf auf Erlösung hoffen. Dieses Gottvertrauen hält für die, die es aufbringen, eine spezifische Form des Weltvertrauens bereit, die in einer religiös indifferenten Lebensform nicht zugänglich ist.

Die andere Form einer religiösen Haltung (zumindest im christlichen Spektrum), wie sie insbesondere von Denkern wie Pascal und Kierkegaard (oder Schriftstellern wie Tolstoi und Dostojewski) repräsentiert wird, besteht demgegenüber in einem Grundzweifel an den Sicherheiten, die das tägliche Leben *und* der Glaube versprechen. Die religiöse Erfahrung vollzieht sich hier wesentlich als eine Erschütterung der Grundfesten auch und gerade der religiösen Existenz und somit in einer oft quälenden Affirmation der Unsicherheit, Ungewissheit, Rätselhaftigkeit und Ungeheuerlichkeit der Welt mitsamt der Stellung des Menschen in ihr. Im Streben nach Erlösung wird hier die Erfahrung der Unerlöstheit gegenüber allen weltlichen wie kirchlichen Tröstungen ausgelebt. Die Gewissheit des Unerforschlichen wird zur letzten Gewissheit. Dieses radikale Bewusstsein des Mysteriums der eigenen Existenz stellt denen, die es aufbringen, eine spezifische Form des *Misstrauens* gegenüber dem Geschehen der Welt bereit, die in einer religiös indifferenten Lebensform nicht zugänglich ist.

3. Verlust und Vertrauen

Ich bin jetzt in der Lage, genauer zu sagen, worin der mit dem Eintritt in eine durchgängig säkularisierte Gesellschaft einhergehende Verlust bestünde. Es wäre der Verlust einer einzigartigen Quelle zugleich des Weltvertrauens und des Weltmisstrauens. Es wäre gerade diese besondere Kombination widerstreitender Einstellungen, die nicht länger verfügbar wäre. Es wäre das Versiegen einer spezifischen Motivation, sich auf die Welt, wie sie nun einmal ist, tätig einzulassen und sich doch von ihr – von ihren Konventionen und Konsensen, Versprechungen und Verführungen – nicht gefangennehmen zu lassen. Was aber hätten die Angehörigen einer durchweg säkularen Gesellschaft – mit ihren Verbünden und Verbänden, Institutionen und Organisationen – dem entgegenzusetzen? Was könnten sie an die Stelle des verlorenen religiösen Bewusstseins setzen?

Nun, sie müssten sich mit der ersten, rein innerweltlichen Transzendenz begnügen, so wie viele von uns dies heute schon tun. Der Ausdruck »begnügen« freilich hat etwas Unangemessenes. Denn sosehr eine durchgehend säkulare *Gesellschaft* mit vergleichsweise schwächeren Formen der Transzendenz auskommen müsste; so gewiss also die *Kultur* dieser Gesellschaft um einiges ärmer wäre, was ihre mit historischem Bewusstsein versehenen Mitglieder durchaus bedauern müssten: Für jeden *Einzelnen* unter ihnen könnte von einem Sichbegnügenmüssen gar keine Rede sein. Denn sie würden nichts anderes wünschen und wollen. Ihnen ginge nichts ab. Die Frage, um deren Klärung es immer noch geht, lautete aber, ob das *genügen* würde – ob eine Gesellschaft ohne starke Transzendenzerfahrung genügend soziale Bindungskräfte für ein einigermaßen friedliches Zusammenleben aufbringen könnte.

Das religiöse Bedürfnis, so habe ich ausgeführt, hat eine seiner Wurzeln in dem Wunsch, sich bestimmen zu lassen durch sinngebende Faktoren, die nicht in der Hand des Einzelnen liegen. Aber, so hatte die Analyse der Grundstruktur einer zur Selbsttranszendierung fähigen Selbstbestimmung ergeben, dieser Wunsch *ist* nicht das religiöse Bedürfnis. Er kann auf andere Weise befriedigt werden. Etwas, worauf ich vertrauen kann, das Autorität über mich hat, das über mich hinausgeht, das nicht in meiner Macht liegt und mir gerade darum Gewissheit, Stärke und manchmal auch Macht verleiht – dergleichen findet sich überall. Schon Wahrnehmungen und Gründe können dieses Kriterium erfüllen – sie geben mir etwas, an das ich mich halten und das mich über die Fixierungen auf meine bisherigen Ansichten und Absichten hinausführen kann; Eltern versuchen es gegenüber ihren Kindern und diese gegenüber ihren Eltern; andere Personen – Freunde, Lehrer, Wissenschaftler, Sportler, Künstler und weitere Figuren des öffentlichen Lebens – tun es für wenige oder viele andere, wenn auch mit der unvermeidlichen Gefahr der Manipulation und Verführung, von der oben schon die Rede war; Institutionen aller Art können die Gelegenheit zu Daseinsformen eröffnen, die niemand allein für sich einrichten kann. Eine Solidarität unter miteinander vertrauten wie unvertrauten Menschen, solchen, die einander nahestehen, und solchen, die einander ansonsten egal sind, kann allein aus der Erfahrung entstehen, eine oder einer unter anderen zu sein wie die anderen auch, jemand, der, gerade was sein Selbstvertrauen und Selbstverständnis, seine Fähigkeiten und Fertigkeiten betrifft, vor einem unbestimmten und unverfügbaren Schicksal steht wie diese. Für ein profanes Bewusstsein sind es diese Formen der Partizipation innerhalb der geschichtlichen Welt, die im Verhältnis und Verhalten unter den Menschen zählen – und nichts darüber hinaus. An ihnen und in ihnen muss zwischen Wahrheit und Falschheit, Recht und Unrecht, Schuld und Vergebung unterschieden und über sie entschieden werden.[17] Denn wer sollte darüber entscheiden als diejenigen, die sich selbst und den anderen gegenüber für ihr Urteil einstehen müssen – im Wissen, dass sie nur über ein begrenztes Wissen verfügen, im Wissen auch, dass nicht die geringste Bedeutung des Bezugs auf Wahrheit gerade in einer Anerkennung dieser Grenze liegt?[18]

Wir sollten nicht das besondere Pathos verkennen, das in einer solchen agnostischen Haltung liegt oder doch liegen kann. Denn es entspringt gerade der Erfahrung, keiner anderen Instanz zu bedürfen als des Forums derjenigen, die allein und gemeinsam den Kurs ihres Lebens zu bestimmen versuchen. Aus dieser Sicht führt nichts daran vorbei, dass es die Menschen und nur die Menschen sind, an denen es liegt, etwas aus sich zu machen und werden zu lassen. Für sie gibt es keine Verbindlichkeit in der menschlichen Welt, die deren Grenzen überschreiten könnte, wie sehr auch die Welt, in der sie sich strebend bemühen, die Horizonte ihres Verstehens übersteigen mag, weil es, wie sie bereitwillig anerkennen, nun einmal die Prosa und Poesie des Wirklichen ausmacht, allen Versuchen ihrer theoretischen wie praktischen Bestimmung immer neue Seiten des Unbestimmten zu zeigen. In einer rein säkularen Gesellschaft wäre Transzendenz eine Hingabe (nurmehr) an das, was ihren Angehörigen inmitten ihrer Sphäre die Augen und Ohren zu öffnen vermag.

Was dies bedeutet, wird klarer, wenn wir den Standpunkt einer dezidiert weltlichen Lebensführung noch einmal von einer stärker existentiellen Seite her betrachten. Was den Angehörigen einer säkularen Lebensform fehlt, ohne dass sie es als einen Mangel empfinden, ist ein Verlangen nach Erlösung. Salopp gesagt: Säkulare Zeitgenossen können – und folglich könnte eine rein säkulare Gesellschaft – mit der Idee der Erlösung nichts anfangen. Ihnen liegt nichts daran, weil Erlösung in ihren Augen nicht geht. Sie erscheint ihnen weder als ein denkbarer noch als ein wünschbarer Zustand des Lebens. »Sie ist erlöst«, so meinen sie, sagen wir nur, wenn der Tod einem qualvollen Leiden und also dem Leben ein Ende gemacht hat. Von allen Übeln erlöst, aller Sorgen ledig zu sein, hieße demnach, keines Erlebens mehr fähig zu sein. Ein gänzlich sorgenfreies wäre zugleich ein gänzlich sorgloses Leben und damit eines, das wir weder im eigenen Interesse noch in dem der anderen wollen könnten. In ihm ginge es um nichts. Sobald uns aber an etwas liegt, *sorgen* wir uns darum (und um unsere Sorge darum), womit *Leidenschaft* dieser oder jener Art im Spiel ist – und mit ihr dasjenige *Leiden*, das uns fehlt, sobald es uns fehlt. Deshalb erscheint die Sehnsucht nach Erlösung innerhalb einer säkularen Lebensweise als eine Verirrung. Das bedeutet allerdings nicht, dass ihre Teilnehmer sich nicht an *partieller* Erlösung erfreuen könnten, wie sie sich in Augenblicken einstellt, in denen wir uns zwar nicht von aller, aber doch von einer größeren Last befreit fühlen und dann mit gutem Grund sagen: »Ich bin erlöst.« Aber das ist natürlich keine Erlösung im religiösen Wortsinn, und es ist auch kein Äquivalent dafür. Denn hier handelt es sich nur um eine – wenn auch manchmal für die Betreffenden außerordentliche – *Erleichterung*, der keineswegs das Telos innewohnt, von *allen* Bedrängnissen befreit zu werden. Ähnlich könnte man sagen, dass auch und gerade die Anhänger einer nichtreligiösen Lebensführung dann und wann der *Erleuchtung* bedürfen und sich daher nach ihr sehnen. Jedoch hat auch diese hier den vergleichsweise nüchternen Sinn, dass ihnen etwas über sich selbst oder die Welt aufgeht, das sich ihnen bisher entzogen hat – ohne die Erwartung und ohne die Hoffnung, dass nun *alles* in einem milderen oder klareren Licht erscheint. Mit einem Wort: Denen, die mit einer agnostischen Lebenseinstellung auszukommen glauben, steht die Erwartung einer grundsätzlichen Befreiung von den Nöten und den Ungewissheiten ihres endlichen Lebens fern. Dann und wann Erleichterung, dann und wann Erleuchtung, damit müssen sie auskommen, aber mit mehr *wollen* sie auch gar nicht auskommen müssen.

Warum nicht? Weil ihnen die schwächere Transzendenz als die ungleich stärkere erscheint. Ihnen erscheint jede stärkere Transzendierung als ein Ausweichen vor dem tatsächlichen Zustand der Welt – und zwar im Guten wie im Schlechten. Das Glück, nach dem sie streben, ist ihnen ein durch und durch von der Endlichkeit ihres Lebens gezeichnetes und nur darum kostbares Glück. Jede Hoffnung auf Glück*seligkeit* erscheint ihnen diesem fragilen Glück gegenüber beengend und sogar beklemmend. Sie, die mit nichts anderem rechnen als dem, was ihnen auf der Erde begegnen kann, halten es für erfüllender, den Sinn ihres Lebens nicht jenseits menschlicher Praktiken zu suchen, sondern innerhalb ihres Spektrums: in Erfahrungen und Tätigkeiten, die sich ohne weiteres lohnen, wozu wesentlich jene ethischen und ästhetischen Abstandspraktiken gehören, die es ermöglichen oder erleichtern, sich aus der Fixierung nur auf sich selbst zu befreien. Ihnen erscheint *dies* als der reichere Bezug zur Welt – ein Bezug, der sie intensiver an die anderen bindet, die mit ihnen für eine Weile unter den Lebenden sind. Mit etwas Glück (aber das braucht es schließlich immer) finden sie in dieser Einstellung ein starkes und doch zugleich erschütterbares Weltvertrauen, das dem eines religiösen Menschen zwar in manchen Aspekten, aber nicht *grundsätzlich* nachsteht – ein Weltvertrauen, das den Rückhalt bildet für die Anerkennung anderer Menschen und Kulturen. Wo aber ein mit moralischem Gespür (und also einem Zweifel an der gerechten Einrichtung der menschlichen Verhältnisse) gepaartes Weltvertrauen wenigstens möglich ist, da ist eine gerechte Gesellschaft ebenfalls – wenigstens – möglich.

Deshalb lautet die Antwort auf meine Frage, ob eine leidlich gerechte säkulare Gesellschaft denkbar ist, nunmehr wenig überraschend, schlicht und ergreifend: Ja. Damit aber, ich möchte es noch einmal betonen, sage ich nicht, dass eine solche Gesellschaft besser wäre. Sie wäre es aus Gründen, die ich genannt habe, eher nicht. Denn ihr wäre eine spezifische Quelle – und mit ihr: wäre ein spezifisches Spektrum von Formen – eines für andere und anderes empfindsamen Weltvertrauens abhandengekommen, und von Quellen dieser Art kann eine freie Sozietät gar nicht genug haben. Insofern wäre das moralische und politische Immunsystem einer rein säkularen Gesellschaft möglicherweise geschwächt. Jedoch darf das Versiegen dieser spezifisch religiösen Haltungen nicht mit dem Versiegen der Quellen der Sittlichkeit gleichgesetzt werden. Es geht auch ohne sie. Zumindest, und mehr wollte ich weder sagen noch zeigen, ist es konsistent *denkbar*, dass auch eine solche Gesellschaft in moralisch-rechtlicher Hinsicht intakt sein könnte, wie es ebenso denkbar ist, dass sie ein *erweitertes* Spektrum profaner Abstandspraktiken ausbilden würde, das es ihr erlauben könnte, sich intakt zu halten. Menschliche Gesellschaften könnten auf säkularem Grund errichtet und erhalten werden, auch wenn wir weder zu befürchten noch zu erwarten haben, dass es so kommt.

Unwahrscheinlich ist ein Verschwinden religiösen Bewusstseins neben allen anderen Gründen, die sich hierfür anführen lassen, schon allein deshalb, weil zwischen den Grundhaltungen einer religiösen und einer areligiösen Lebensführung keine scharfe Grenze besteht. Die stärkeren Transzendenzen, die den einen schwächer, und die schwächeren, die den anderen schwach erscheinen, sind historisch und kulturell nicht durch einen Schlagbaum getrennt, der sich nur durch spektakuläre Konversionen überwinden ließe, auch wenn sich gewiss, wie ich es hier versucht habe, paradigmatische Fälle klar voneinander unterscheiden lassen. Da aber die Menschen im Interesse eines für sie gedeihlichen Lebens auf Praktiken der Selbstrelativierung angewiesen sind, die es ihnen ermöglichen, mit anderen auf dem wie immer brüchigen Boden von Verlässlichkeit und Vertrauen zu leben, haben sie alle ein elementares Motiv, es zu einer Transzendierung der Beharrung nur auf sich selbst kommen zu lassen.[19] Diese Überschreitung aber hat sich auf immer wieder andere Weise vollzogen. Es ist dieses zugleich anthropologische und historische Faktum, das darauf hinweist, dass es nicht ein für alle Mal festliegt, in welchem Stil – in welchen Stilen – Menschen und ihre Kulturen sich Praktiken der Selbstrelativierung überlassen. Der Mensch ist, wie man auch in dieser Hinsicht mit Nietzsche sagen könnte, ein »nicht festgestelltes Tier«. Weil jeder für sich selbst verantwortliche Angehörige dieser Spezies allen Grund hat, sich von einer Fixierung nur auf sich selbst zu befreien, dies aber auf die eine oder andere Weise geschehen kann, ist es und bleibt es offen, welche Modi sich in der näheren und ferneren Zukunft durchsetzen werden, und bleibt es zugleich äußerst unwahrscheinlich, dass einer von ihnen irgendwann ein für alle Mal das Rennen machen wird.

Das bedeutet, dass wir auf absehbare Zeit weiterhin mit einer Koexistenz religiöser und nichtreligiöser Gestalten der

Lebenspraxis zu rechnen haben. Diese Koexistenz kann sich jedoch in einer befriedeten Form allein auf dem Boden säkularer Verfassungen entfalten. Schon Religionsfreiheit und religiöse Toleranz lassen sich nicht religiös, sondern allein mit säkularen Mitteln begründen.[20] Erst recht ist das gewaltfreie Zusammenbestehen von religiösen und säkularen Lebensauffassungen nur im Rahmen eines säkular verstandenen Rechts und im Kontext einer im Kern säkular verstandenen Moral möglich[21] – also auf dem Boden von Gesellschaften, die zumindest *so weit* säkularisiert sind, dass eine profane Haltung zu Fragen der Lebensführung eine ebenso natürliche wie verbreitete Option darstellt.[22] Dies zeigt am Ende nochmals, wie abwegig es wäre, das aus den Prozessen der Aufklärung hervorgegangene säkulare Selbst- und Weltverständnis historisch und politisch für eine Verfallserscheinung zu halten. Im Gegenteil nämlich stellt es die geschichtliche Basis und die rechtfertigende Bedingung dafür bereit, dass Religionen und religiöses Empfinden in demokratischen Gesellschaften weiterhin fortleben und auch zu deren Vorteil gedeihen können.

Ich möchte mit einer metaphorischen Coda schließen. Eine säkulare Gesellschaft ist so gut denkbar wie eine Kultur des Machens und Hörens von Musik, die an der klassischen Musik oder dem Jazz keinen Gefallen mehr finden würde. So frivol dieser Satz auch erscheinen mag, er macht nochmals deutlich, wie gravierend der Verlust religiöser Wahrnehmungsfähigkeit wäre. Denn das Verschwinden eines der großen Stile der Musik wäre durchaus eine Beeinträchtigung des musikalischen Empfindens im Ganzen – da künftig alle anderen Musikarten nicht mehr in Kontrast und Korrespondenz zu ihm gehört und gemacht werden könnten. Aber das Verkümmern eines Stils der Musik wäre kein Verkümmern der Musik; diese könnte sich auf andere und neue Weisen entwickeln. So verhält es sich auch mit den Stilen der Selbsttranszendierung, die

»IST EINE REIN SÄKULARE GESELLSCHAFT DENKBAR?«

ich unterschieden habe. Die Taubheit für einen dieser Stile ist keine Taubheit für alle. Die Kraft der Musik, uns aus unseren Verkapselungen hinauszuführen, oder, ein wenig buchstäblicher, die Attraktion einer Selbstbestimmung, die im Klang der Welt nicht nur den eigenen Puls vernimmt, so dürfen wir hoffen, ist stärker als die Macht ihrer sei es religiösen, sei es säkularen Deutung.

Anmerkungen

1 E.-W. Böckenförde, Die Entstehung des Staates als Vorgang der Säkularisation, in: ders., Recht, Staat, Freiheit. Studien zur Rechtsphilosophie, Staatstheorie und Verfassungsgeschichte, Frankfurt am Main 2006, S. 92–114, 112.

2 E.-W. Böckenförde, Bemerkungen zum Verhältnis von Staat und Religion bei Hegel, in: ders., Recht, Staat, Freiheit, a. a. O., S. 115–142, 141.

3 Ebd.

4 Böckenförde, Die Entstehung des Staates als Vorgang der Säkularisation, a. a. O., S. 112.

5 Die Klage über einen aus der versperrten metaphysischen Normbegründung sich ergebenden Wertsubjektivismus findet sich ähnlich in Max Horkheimers *Kritik der instrumentellen Vernunft*.

6 Zum Beispiel J. Habermas, Vorpolitische Grundlagen des demokratischen Rechtsstaates?, in: ders., Zwischen Naturalismus und Religion. Philosophische Aufsätze, Frankfurt am Main 2005, S. 106–118; W. Becker, Demokratie kann moralisch sein, in: Die Welt v. 20. 3. 2007, S. 9. Zur Möglichkeit einer eudaimonistisch ansetzenden Moralbegründung s. M. Seel, Versuch über die Form des Glücks. Studien zur Ethik, Frankfurt am Main 1995.

7 Böckenförde, Die Entstehung des Staates als Vorgang der Säkularisation, a. a. O., S. 111.

8 Ebd.

9 Vgl. P. Strasser, Eine Art religiöser Haltung, in: K. P. Liessmann (Hg.), Die Gretchenfrage. »Nun sag', wie hast du's mit der Religion?«, Wien 2008, S. 45–60.

10 Zu den Risiken eines solchen Vorgehens vgl. M. Seel, Drei Regeln für Utopisten, in: ders., Sich bestimmen lassen. Studien zur theoretischen und praktischen Philosophie, Frankfurt am Main 2002, S. 258–269.

11 T. Luckmann, Die unsichtbare Religion, Frankfurt am Main 1991. Gegen eine unangemessene Ausdünnung des Begriffs der Religiosität argumentiert überzeugend A. Keppler, Mediale Erfahrung, Kunsterfahrung, religiöse Erfahrung. Über den Ort von Kunst und Religion in der Mediengesellschaft, in: A. Honer/R. Kurt/J. Reichertz (Hg.), Diesseitsreligion. Zur Deutung der Bedeutung moderner Kultur, Konstanz 1999, S. 183–199; vgl. auch dies., ›Medienreligion‹ ist keine Religion. Fünf Thesen zu den Grenzen einer erhellenden Analogie, in: G. Thomas (Hg.), Religiöse Funktionen des Fernsehens? Medien-, kultur- und religionswissenschaftliche Perspektiven, Wiesbaden 2000, S. 223–230.

12 H. Joas, Braucht der Mensch Religion? Über Erfahrungen der Selbsttranszendenz, Freiburg 2004.

13 Anm. 2014: Diese Differenz zwischen einer religiösen und einer säkularen Transzendierungspraxis habe ich näher beschrieben in: M. Seel, Wallfahrten in den USA, in: S. Börnchen/G. Mein (Hg.), Weltliche Wallfahrten. Auf der Spur des Realen, München 2010, S. 25–34.

14 H. Joas, Braucht der Mensch Religion?, in: ders., Braucht der Mensch Religion?, a. a. O., S. 12–31, bes. 17 ff.

15 Vgl. hierzu M. Seel, Sich bestimmen lassen. Ein revidierter Begriff der Selbstbestimmung, in: ders., Sich bestimmen lassen, a. a. O., S. 279–298.

16 Hier bin ich Thomas M. Schmidt verpflichtet.

17 Dabei behält sogar die Rede vom »Heiligen« einen herabgestuften Sinn, wenn von jemandem gesagt wird, dass ihm »nichts heilig« sei, weil er alles missachtet, was sich unter Menschen gehört.

18 Und, wie man mit erkenntnistheoretischen Argumenten ergänzen könnte, im Bewusstsein, dass der Begriff eines vollständigen Wissens und erst recht der Allwissenheit ein hölzernes Eisen und darum als regulative Idee der menschlichen – und überhaupt jeder konsistent denkbaren – Rechtfertigungspraxis untauglich ist.

19 Vgl. E. Tugendhat, Egozentrizität und Mystik. Eine anthropologische Studie, München 2003.

20 Hierzu eindrucksvoll: R. Forst, Toleranz im Konflikt. Geschichte,

Gehalt und Gegenwart eines umstrittenen Begriffs, Frankfurt am Main 2003, bes. S. 312 ff.

21 In jenem Kern, der sich diesseits religiöser Sprachen aussprechen lässt, gleichwohl aber den Bezugspunkt *aller* Rücksicht unter den Menschen benennt.

22 Deswegen erscheint mir Jürgen Habermas' Rede von einer »postsäkularen Gesellschaft« zumindest irreführend, vgl. ders., Glauben und Wissen, Frankfurt am Main 2001, S. 12 ff.

REINHARD LOSKE
»Vom Wenden«

Was politisch bisher geschah – und warum das bei weitem nicht ausreicht

Wir betrachten in diesem Text, was bisher zur Erreichung von Nachhaltigkeitszielen versucht wurde, und richten zu diesem Zweck unseren Blick zunächst auf Deutschland, ein Land, das sich auf seine umweltpolitische Vorreiterrolle einiges zugutehält. Ins Visier gerät dabei interessanterweise die Idee der Wende, des mehr oder minder anspruchsvollen Richtungswechsels.

Mit großen oder weniger großen Wenden hatten die Deutschen in den zurückliegenden Jahrzehnten so ihre speziellen Erfahrungen. Als Helmut Kohl im Herbst 1982 mit Hilfe der FDP seinen Vorgänger Helmut Schmidt durch ein konstruktives Misstrauensvotum aus dem Amt des Bundeskanzlers drängte, begründete er dies hochtrabend mit der Notwendigkeit einer »geistig-moralischen Wende«. Deren Kerninhalt: In Zukunft solle nicht mehr auf Kosten nachwachsender Generationen gelebt werden.[1] Daraus wurde bekanntlich nichts.

Gut sieben Jahre später, im November 1989, folgte dann eine weitaus tiefgreifendere Wende, die kaum noch jemand erwartet hatte: die »friedliche Wende«, der Fall von Mauer und Eisernem Vorhang in Deutschland und Europa und das langsame Zusammenwachsen von West und Ost.

Kohl, politisch eigentlich am Ende, nutzte die sich bietende Chance bei den folgenden Bundestagswahlen beherzt und konnte so bis 1998 als Bundeskanzler zum maßgeblichen Gestalter von deutscher Einheit und europäischer Integration werden. Nur mit den versprochenen »blühenden Landschaften«[2] will es in weiten Teilen der neuen Bundesländer bis heute nicht so recht klappen.

Sozial-ökologische Wendeszenarien

Weniger bekannt ist, dass der Wendebegriff in der Entwicklung von sozial-ökologischen Nachhaltigkeitskonzepten in Deutschland ein Schlüsselbegriff von herausragender Bedeutung war und ist. Es begann 1975 mit dem Buch *Ende oder Wende*[3] von Erhard Eppler, seinerzeit Bundestagsabgeordneter der SPD. In seinem Wendebuch, das den Untertitel *Von der Machbarkeit des Notwendigen* trug, entwarf der kurz zuvor im Streit mit Helmut Schmidt vom Amt des Entwicklungshilfeministers zurückgetretene und in seiner Partei ziemlich einsame Vordenker die Konturen einer rot-grünen Politik. Hauptinhalte: Abkehr vom Dogma permanenten Wirtschaftswachstums, Akzeptieren ökologischer Grenzen, Streiten für eine gerechte Weltwirtschaftsordnung und mehr demokratische Teilhabe für alle.

Sein Ziel, dieses rot-grüne Wendeprogramm innerhalb der Sozialdemokratie zu realisieren, scheiterte allerdings, zu sehr war seine Partei und ganz besonders der von ihr gestellte Bundeskanzler, der sich bis heute als »Weltökonom« versteht, im industrialistischen Wachstumsmodell gefangen – und ist es wohl noch immer. So entstanden in Deutschland und anderen westeuropäischen Ländern seit Ende der siebziger, Anfang der achtziger Jahre grüne Parteien, die sich den »ökologischen

Umbau der Industriegesellschaft« auf die Fahnen schrieben und Schritt für Schritt auch zu regieren lernten, wenn auch um den Preis abnehmender Radikalität und schwindender visionärer Kraft.[4]

Seit Anfang der achtziger Jahre erschien ein halbes Dutzend sehr einflussreicher Wende-Werke von sozial-ökologisch orientierten Vordenkern im deutschen Sprachraum und darüber hinaus: Die *Energiewende*[5] von Peter Hennicke (1985), die *Landbauwende*[6] von Arnim Bechmann (1987), die *Chemiewende*[7] von Rainer Grießhammer (1992), die *Verkehrswende*[8] von Markus Hesse (1994), die *Waldwende*[9] von Wilhelm Bode (1994) sowie die *Wasserwende*[10] von Thomas Kluge und anderen (1995). Friedrich Schmidt-Bleek nannte sein Buch zwar zunächst nicht so, entwickelte aber 1997 faktisch die von ihm später auch so benannte Ressourcenwende[11]. All diese Arbeiten blieben nicht in der Kritik stecken, sondern präsentierten mit einer gehörigen Portion Zuversicht und großem Gestaltungswillen nachhaltige Alternativen zum ökologisch unverträglichen Status quo.

Ab Mitte der neunziger Jahre erschienen dann Werke wie *Zukunftsfähiges Deutschland*[12] (von Reinhard Loske und anderen 1995), *Faktor 4*[13] (von Ernst Ulrich von Weizsäcker und anderen 1995) und *Solare Weltwirtschaft*[14] (von Hermann Scheer 1999), in denen versucht wurde, die verschiedenen Wenden zu einem stimmigen Ganzen, gewissermaßen zu ersten Entwürfen einer Nachhaltigkeitswende zusammenzufügen.

Schaut man sich die Wendekonzepte an, so wird offenkundig, dass sie sich durchweg gleichermaßen auf die Produktions- und Konsumtionsseite richteten und richten:

- Im Zentrum der Energiewende stehen Energieeinsparung, bessere Energieeffizienz und die Substitution fossiler und nuklearer Energieträger durch erneuerbare Energien. Manche sprechen deshalb von der 3-E-Strategie. Auch Dezentralisierungs- und Demokratisierungsaspekte spielen in den Energiewendekonzepten eine bedeutende Rolle. Sie sind also nicht nur technologisch, sondern auch gesellschaftspolitisch orientiert.

– Die Ressourcenwende will die Produktivität der in den Produktionsprozessen eingesetzten Rohstoffe verbessern, deren Verbrauch insgesamt deutlich senken, überflüssige Dinge und Abfälle vermeiden, die Langlebigkeit und Reparaturfähigkeit von Produkten erhöhen und (in Maßen) auch nicht erneuerbare durch erneuerbare Ressourcen substituieren. Im Englischen wird gelegentlich von der »5 R Strategy« gesprochen: Refuse, Reduce, Reuse, Recycle, Renew! Verweigern (von überflüssigem Konsum), Reduzieren, Wiederverwenden, Wiederverwerten und Ersetzen von nicht erneuerbaren durch erneuerbare Ressourcen!

– Die Chemiewende setzt auf Entgiftung, Ressourceneinsparung und den Wechsel der stofflichen Basis in der Produktion (»Von der Chlorchemie zur Biokatalyse« oder von der »harten« zur »sanften« Chemie) sowie auf Strategien des umweltbewussten und ressourcenschonenden Konsums. Nicht nur die (vor allem Chemische) Industrie wird dabei als Akteur gesehen, sondern auch die Verbraucherinnen und Verbraucher, die durch den Verzicht auf Gifte und Plastikprodukte einen wichtigen Beitrag zum Gelingen der Chemiewende leisten sollen.

– Die Verkehrswende verfolgt Strategien der Verkehrsvermeidung und effizienteren Verkehrsmittelnutzung (z. B. Carsharing), der Verlagerung auf öffentliche oder nichtmotorisierte Verkehrsmittel und der effizienteren und emissionsärmeren Verkehrstechnik. Analog zur 3-E-Strategie im Energiesektor ließe sich im Verkehrssektor also von der 3-V-Strategie sprechen (Vermeiden, Verlagern, Verbessern). Hier geht es um Fragen der Technik, der Organisation, der räumlichen Planung und der individuellen Verhaltensweisen gleichermaßen.

– Die Agrar- bzw. Ernährungswende propagiert nachhaltigen, regionalen und naturschutzgerechten Landbau sowie artgerechte Tierhaltung auf der Erzeugungsseite, Verbrauchsreduktion bei Fleisch- und Futtermittelimporten, nachhaltigen und regionalen Konsum, verlässliche Lebensmittelkennzeichnung und hochwertige Küche auf der Verbrauchsseite.

– Die Waldwende will den nachhaltigen und zertifizierten Waldbau inklusive ungenutzter Schutzgebiete (»Urwald«) fördern, Monokulturen verhindern und die Wälder vor Schadstoffeinträgen aus der Luft bewahren, aber auch den Einsatz des potentiell umweltfreundlichen Bau-, Werk- und Brennstoffes Holz unterstützen. Unter anderem sollen anspruchsvolle Zertifizierungsregelungen und deren Berücksichtigung im Beschaffungswesen von Unternehmen und öffentlicher Hand hohe Nachhaltigkeitsstandards gewährleisten. Der Import von gefährdeten Tropenhölzern soll ganz unterbunden werden.

– Die Wasserwende betont die Notwendigkeit gewässerverträglicher und wassersparender Produktionsprozesse in Landwirtschaft, Industrie und Gewerbe. Grundwasser soll von Schad- und Nährstoffeinträgen sowie gesundheitsgefährdenden Keimen verschont bleiben, nicht nur in Wasserschutzgebieten. Grundwasserentnahmen sollen auf die jeweiligen Neubildungsraten beschränkt werden. Geschlossene Wasserkreisläufe und moderne Klärtechniken sollen die Qualität von Fließgewässern sicherstellen. In Haushalten und Büros soll Wasserspartechnik eingesetzt und auf wasserschädliche Konsumartikel wie aggressive Reinigungsmittel gänzlich verzichtet werden.

Die Strategien und Maßnahmenbündel, die zur Erreichung der Wendeziele entwickelt worden sind, setzen sich aus regulatorischen, technischen und verhaltensändernden Anteilen zusammen. Die Besseren unter den Konzepten sind weder rein technologiefixiert (»Öko-Technik wird es richten!«) noch rein lebensstilbezogen (»Verzicht wird uns retten!«), sondern versuchen, problemadäquate Lösungen zu finden und kommen dabei naheliegenderweise auf einen Mix an Transformationsstrategien, die Technologiewandel ebenso einschließen wie Wertewandel, sozialen Wandel ebenso wie Lebensstilwandel. Der in bestimmten Segmenten der Ökologie- und Nachhaltigkeitsdiskussion mittlerweile fast schon zum Kulturkampf gewordene Zwist zwischen »Technikoptimisten« hier und »Sozialökologen« dort wird der Komplexität der Materie also offenbar nicht wirklich gerecht.

Was man sagen kann, ist, dass manche Wenden eher technologie- und prozessgetrieben sind und primär auf der Produktionsseite ihren Ausgang nahmen, etwa die Chemie-, die Wasser- oder die Waldwende, während andere Wenden eher durch einen Einstellungswandel auf der Verbraucherseite ausgelöst wurden, so die Energie-, die Agrar- bzw. Ernährungs- oder die Verkehrswende. Gemeinsam ist jedoch allen Wenden, den (zumindest teilweise) gelungenen wie den (bislang) noch nicht gelungenen, dass sie letztlich ein Spiegel gesellschaftlicher Einstellungen und ein Ergebnis von mehr oder weniger gelungener staatlicher Regulierung waren und sind.

Mit anderen Worten: ohne schärfere Gesetze zur Luft- und Gewässerreinhaltung keine Wasser- und Waldwende; ohne Ökosteuer, Emissionshandel, Atomausstieg und Erneuerbare-Energien-Gesetz keine Energiewende; ohne anspruchsvolleres Chemikalienrecht keine Chemiewende. Oder, um die Sache von der negativen Seite zu betrachten: Weil die Politik sich bis heute zum verlängerten Arm der Automobil- und der Agrarlobby macht, gibt es weder eine Verkehrs- noch eine Agrarwende, die diesen Namen wirklich verdienen würde. Weil die Politik sich nicht traut, den Verbrauch nicht erneuerbarer Rohstoffe adäquat zu besteuern oder Produkthaftungsregeln angemessen zu verschärfen, gibt es keine Ressourcenwende und keine wirkliche Abwendung von der Wegwerfkultur, die wir so dringend brauchen.

Wie wirkmächtig sind die Wendeszenarien bis heute geworden? Ein kurzer und keineswegs vollständiger Überblick soll helfen, den Erfolg bzw. Misserfolg ausgewählter Wenden realistisch nachvollziehen und Muster erkennen zu können. Dabei sollen die Energie-, die Ernährungs- und die Mobilitätswende betrachtet werden, die in besonderer Weise vom gesellschaftlichen Wertewandel abhängen.

Energiewende:
Von der Konzern- zur Bürgerenergie

Wirft man den Blick auf die Mutter aller ökologischen Wenden in Deutschland, die Energiewende, so lässt sich durchaus feststellen, dass sie eine starke Wirkung entfaltet hat. In den achtziger Jahren lag der Anteil der erneuerbaren Energien an der deutschen Stromerzeugung bei zwei bis drei Prozent und basierte fast ausschließlich auf kommerzieller Wasserkraft und Biomasse. Der Anteil von Wind- und Solarenergie lag nahe null. Die wenigen Anlagen, die es dennoch gab, wurden vor allem von Freaks, Tüftlern und Landkommunarden betrieben, die energieautark sein wollten, weil ihnen Atom- und Kohlekraft inklusive der monopolistischen Versorgungsstrukturen ein gewaltiges Ärgernis waren. Ihnen ging es nicht nur um das Verändern der Energieerzeugungstechnik, sondern auch um die gesellschaftlichen Grundlagen der Energiepolitik, die Verhinderung des »Atomstaats«[15] (Robert Jungk) und die Überführung der Energiegewinnung in dezentrale, demokratiefähige und transparente Strukturen. Von der Mehrheit der Bevölkerung wurden die erneuerbaren Energien zunächst als »Spinnerei« gesehen und für unfähig gehalten, eine Industriegesellschaft wie die deutsche ausreichend versorgen zu können.

Heute, ein Vierteljahrhundert später, liegt der Anteil der erneuerbaren Energien an der Stromerzeugung bei fast 30 Prozent, Tendenz stark steigend. Windkraft und Photovoltaik stellen davon mehr als die Hälfte. Der öffentliche Zuspruch zu dieser Energiegewinnungsform ist, allen Implementierungsproblemen der nun auch offiziell so geheißenen »Energiewende«[16] zum Trotz, insgesamt sehr hoch. Es hat sich ein dichtes Kompetenznetzwerk in Forschung, Industrie und Handwerk gebildet. Über den fairen Wettbewerb in den Stromnetzen wacht mittlerweile eine starke Behörde, die Bundesnetzagentur.[17]

Die Anlagenbetreiber sind heute zum guten Teil Hausbesitzer, Bauern, Investorengemeinschaften, Kommunen und Energiegenossenschaften. Aus der Nischenenergie ist so eine Bürgerenergie, eine Mitmachenergie geworden. Die ehemaligen Energiemonopolisten stecken mit ihren nicht nachhaltigen Geschäftsmodellen auf fossil-nuklearer Basis in einer tiefen Krise und versuchen verzweifelt, in den Strudeln der Energiewende nicht unterzugehen. Ob ihre derzeitigen Bestrebungen, aus der dezentralen Bürgerenergie wieder eine zentralistische Konzernenergie zu machen, Erfolg haben werden, hängt ganz entscheidend davon ab, wie sich die politischen Rahmenbedingungen für erneuerbare Energien in Zukunft darstellen werden.

Agrarwende: Viel guter Wille, aber wenig Fortschritt

Auf Platz zwei der ökologischen Wenden liegt für die meisten wohl die Agrarwende, von manchen auch als Ernährungswende bezeichnet. Bei ihr geht es nicht besonders zügig voran, vor allem, weil die Agrarpolitik nach wie vor nicht so stark an Nachhaltigkeitszielen orientiert ist wie die Energiepolitik, eher im Gegenteil. Lag der Anteil der nach den Prinzipien des ökologischen Landbaus bewirtschafteten Flächen an der gesamten landwirtschaftlichen Nutzfläche in den neunziger Jahren noch bei zwei Prozent, stieg er bis heute auf gut sechs Prozent. Wo ehedem eher kleine Biohöfe, Bioläden und Biogenossenschaften dominierten, sind neben diesen mittlerweile auch durchaus großbetriebliche Strukturen an der Tagesordnung, insbesondere in den neuen Bundesländern.

Nicht nur in den durchschnittlichen Betriebsgrößen der Höfe zeigt sich eine Tendenz zur Konzentration, sondern auch in der Distribution und im Handel: In allen großen und vielen mittelgroßen Städten finden sich heute Biosupermärkte, und selbst bei den meisten Discountern werden Bioprodukte wie selbstverständlich feilgeboten, teilweise mit sehr großem Erfolg. Das weiter steigende Ernährungsbewusstsein lässt erwarten, dass diese Wachstumstendenz anhalten wird. Frei-

»VOM WENDEN« 113

lich wächst die Inlandsproduktion von ökologisch erzeugten Nahrungsmitteln nicht annähernd so stark wie die Nachfrage nach biologischen Produkten, die sich mittlerweile beim gesamten Lebensmittelumsatz auf den zweistelligen Bereich zubewegt, so dass ein relevanter Teil dieser Produkte importiert werden muss.

Etwas besser stellt sich die Bilanz der Agrarwende dar, wenn auch die extensiv bewirtschafteten kleineren Höfe, oft im Nebenerwerb betrieben, mit in die positive Umweltbilanz einbezogen werden. Diese überwiegend bäuerlich-regional orientierte Landwirtschaft mit geringem oder keinem Chemikalieneinsatz, geringer Viehdichte und extensiver Weidewirtschaft ist durchaus ein bedeutender Beitrag zur Bewahrung von Landschafts- und Artenvielfalt sowie zur örtlichen Nahrungsmittelversorgung. Freilich sind sowohl ökologisch als auch regional ausgerichtete Agrarbetriebe noch immer und sogar verstärkt in eine anhaltende Tendenz zur Industrialisierung, Intensivierung und Exportorientierung der Landwirtschaft eingebettet.[18]

Dabei muss hier leider auch darauf hingewiesen werden, dass der durch die Energiewende stimulierte Anbau von Energiepflanzen wie Mais in riesigen Monokulturen (oft in Kombination mit Massentierhaltung) sich sehr negativ auf die Perspektiven der ökologischen Landwirtschaft, des Grundwasserschutzes und der biologischen Vielfalt auswirkt. Vor allem durch die hohen Pachtpreise, welche die »Energiewirte« zu zahlen bereit sind, kommt es zu einem Herausdrängen der biologisch und extensiv wirtschaftenden Höfe aus dem Bodenmarkt. Hier muss dringend ein politisches Stoppsignal gesetzt werden.

Exkurs: Die unheilige Allianz von
Massentierhaltung und Bioenergie beenden

Was passiert da derzeit? In dem dichtbesiedelten Deutschland wird immer mehr Tiermast betrieben. Die Futtermittel dafür werden zunehmend aus Übersee importiert, vor allem aus Südamerika. Die Rinder- und Schweinehälften und das Geflügel werden dann in alle Welt exportiert, etwa nach Asien. Zugleich werden hierzulande immer mehr Wiesen und Weiden in Ackerland umgewandelt, das anschließend mit Mais bebaut und mit Gülle aus den Großställen und Gärresten aus den großen Biogasanlagen »gedüngt« wird, wobei die Grenze zwischen Düngung und Entsorgung zunehmend verschwimmt. Der Mais wiederum wird vielerorts nicht ans Vieh verfüttert, wie man annehmen könnte, sondern in hochsubventionierten Biogasanlagen in Nutzenergie umgewandelt. Der Gesellschaft und dem Steuerzahler werden gewaltige Kosten aufgebürdet und Umweltschäden hinterlassen.

Das Muster ist eindeutig und bekannt: Privatisierung der Gewinne (für den agro-industriellen Sektor) bei Abwälzung der Kosten (für Wasseraufbereitung, Natur- und Gesundheitsschutz) auf die Gesellschaft.

Es kommt einem wie blanker Hohn vor, wenn die betroffenen Gebiete von interessierter Seite als »Veredelungsregionen« bezeichnet werden, obwohl die Grundwasserkarten hier nur noch die Farbe Rot kennen und die Roten Listen der gefährdeten Tier- und Pflanzenarten immer länger werden.

Es erstaunt, dass viele Umwelt- und Energiewissenschaftler sich in dieser Frage so unkritisch geben und die harmonische These vertreten, der Anbau und Einsatz von Energiepflanzen sei gut für den Klimaschutz und könne weiter stark wachsen, ohne dass es zu einer Konkurrenz mit der Nahrungsmittelproduktion, dem Naturschutz oder der biologischen Vielfalt kommen müsse.

Man möchte das gerne glauben, aber wer mit offenen Augen durch die Landschaft geht, ob im Münsterland oder im Oldenburgischen, am Niederrhein oder in der Magdeburger Börde, kann die These nicht bestätigen. Im Gegenteil: Die Nutzungsintensität der Landschaft steigt überall gewaltig an. Vielerorts ist es gerechtfertigt, von reinen Produktionslandschaften zu sprechen. Mehr und mehr Mastfabriken und Biogasanlagen, die wie Staubsauger auf die landwirtschaftliche Biomasse der sie umgebenden Regionen wirken, sprießen aus dem Boden. Über allem hängt der penetrante Geruch von Ammoniak. Und ja, auf den Dächern der riesigen Schweineställe finden sich flächendeckend Photovoltaikanlagen, und am Rande der Maisäcker reiht sich Windrad an Windrad. Aber sind solche Energielandschaften wirklich erstrebenswert? Ich meine nein!

Wenn wir diese Entwicklungen als Gesellschaft nicht wollen, weil uns das Grundwasser, die Landschaft, die biologische Vielfalt, das Tierwohl und nicht zuletzt unsere Gesundheit am Herzen liegen, dann müssen wir bei aller Liebe zur Energiewende politische Korrekturen vornehmen.

Die Idee der Agrarwende braucht mehr politische Unterstützung. Dazu gehört auch die Einsicht, dass die Gesellschaft den anständig wirtschaftenden Bauern etwas verdankt und damit auch schuldet. Wer gesunde Nahrungsmittel produziert und dabei Leistungen wie den Erhalt landschaftlicher Vielfalt, den Schutz des Wassers sowie der Tier- und Pflanzenwelt erbringt, der sollte vom Bürger, Verbraucher und Steuerzahler dafür auch angemessen honoriert werden. Im Gegenzug muss sich die Landwirtschaft für eine solche Honorierung auch gesellschaftliche Anforderungen gefallen lassen.

Verkehrswende: Nur im Schneckentempo voran

Aus dem Bereich der Verkehrs- oder Mobilitätswende lässt sich als positive Entwicklung vor allem die Verbreitung des Radfahrens in fast allen großen Städten Europas anführen, vorneweg Oldenburg (43 % Anteil am gesamtstädtischen Verkehr), Münster (38 %), Kopenhagen (37 %), Groningen (31 %) und Bremen (27 %), und wo der Radverkehr politisch starke Unterstützung findet.[19] Schaut man sich die Ursachen für die vergleichsweise hohen Radverkehrsanteile am Gesamtverkehr in solchen verkehrspolitisch progressiven Städten an, die überdies ein weiteres Wachstum besagten Prozentsatzes anstreben (Kopenhagen plant in wenigen Jahren 50 Prozent), so wird deutlich, dass hier neben einer Politik der Attraktivitätssteigerung (Radwege, Ampelschaltungen, Fahrradstraßen etc.) auch eine Politik der aktiven Zurückdrängung des motorisierten Individualverkehrs (Fahrspurreduzierung für Autos, Parkraumverknappung, Tempolimits etc.) betrieben wurde und für weitere Erfolge auch notwendig ist. Solche Strategien erfordern von den Verantwortlichen politischen Mut, weil sie mit oft hasserfüllten Kampagnen der Autofahrerlobby und der jeweiligen Lokalpresse konfrontiert sind. Je positiver die Einstellung der städtischen Bevölkerung zum Radfahren ist und je stärker die Verbesserung der Lebensqualität hierdurch empfunden wird, desto leichter sind solche Widerstände überwindbar. Es ist ein hoffnungsfroh stimmendes Zeichen, dass die öffentliche Meinung in vielen Städten während der letzten Jahre zugunsten des Radverkehrs »gekippt« ist. Vielerorts ist Radfahren heute nicht mehr vorrangig ein ökologisches Statement, sondern einfach der angenehmere Weg, sich fortzubewegen.

Ein anderer, (noch) nicht so sehr im Zentrum der verkehrspolitischen Debatte stehender Nachhaltigkeitstrend ist das Carsharing, die gemeinschaftliche Nutzung von Automobilen. Es zeigt ein ganz ähnliches Diffusionsmuster wie die Tendenz zu erneuerbaren Energien, biologischen Nahrungsmitteln und zur Nutzung des Fahrrades. Auch hier standen am Anfang Pioniere und Vorreiter, die von der Innovationsforschung gern als »First Mover« bezeichnet werden. Auch hier war der Ausgangspunkt die Einschätzung, dass der Status quo (die »autogerechte Stadt«) nicht der Weisheit letzter Schluss sein kann und es Alternativen zu entwickeln gilt. Wenn Autos gemeinschaftlich genutzt werden, so die plausible Annahme, braucht man weniger von ihnen, geht der Bedarf an Parkplätzen zurück, bleibt mehr Raum für Mensch und Natur in der Stadt. Und nicht zuletzt sinken für die Teilnehmer die Mobilitätskosten, weil sie ja nur noch für die Nutzung des Fahrzeugs zahlen müssen und nicht mehr für den Besitz. Die eher idealistischen Motive »Umweltschutz« und »Befreiung von Wohlstandsballast« und die eher materiellen Motive »Kostensenkung« und »Einkommensverwendung für andere Zwecke« konnten in dieser Idee also eine fruchtbare Beziehung eingehen.[20]

Die absoluten Zahlen bei der Entwicklung des Carsharing sind denn auch durchaus beeindruckend. Lag die Anzahl der Nutzer solcher Angebote in den neunziger Jahren nur bei wenigen tausend, so ist die Marke von einer Million Nutzern in Deutschland gerade überschritten worden. Die Anbieter sind längst nicht mehr nur örtliche Idealisten, die etwas für die Lebensqualität in ihrer Stadt tun möchten, sondern auch Automobilkonzerne, die vor allem das jüngere Segment der Gesellschaft im Auge haben, in dem zwar Mobilität hochgeschätzt wird, aber der Besitz eines Fahrzeugs als Statussymbol stark an Bedeutung verloren hat. Die »First Mover« haben sich zum Teil selbst zu leistungsfähigen Anbietern in Deutschland oder sogar darüber hinaus weiterentwickelt, sehen sich aber in hohem Maße auch rein kommerziell motivierten Anbietern gegenüber, für die nicht mehr Verkehrsvermeidung im Vordergrund steht, sondern Optionserweiterung, nicht Substitution von motorisiertem Individualverkehr durch Gemeinschaftsnutzung, sondern das Schmackhaft-Machen des Autofahrens für jedermann zu jeder Zeit an jedem Ort. Auf das Problem der feindlichen Übernahme von Sharingmodellen wird im folgenden Kapitel zurückzukommen sein.

Auch beim Carsharing ist darauf hinzuweisen, dass es sich trotz der gewaltigen Wachstumsraten einbettet in eine nach wie vor stark am individuellen Automobilbesitz ausgerichtete Gesellschafts- und Wirtschaftsstruktur. Dazu nur eine Zahl: Der knappen Million an Carsharing-Nutzern stehen in Deutschland etwa 50 Millionen angemeldete Automobile gegenüber.

Überhaupt lässt sich ohne Übertreibung sagen, dass die erfreulichen Veränderungen in Sachen sozial-ökologischer Wandel im Verhältnis zu den Erfordernissen, die uns die Umweltwissenschaft immer wieder vor Augen führt, durchaus bescheiden, um nicht zu sagen kläglich wirken. In einigen Ländern lassen sich in einzelnen Bereichen durchaus große Erfolge vorzeigen, etwa das vorbildliche Bahnsystem in der Schweiz mit seiner enormen Taktdichte, die ausgeprägte Fahrradkultur in den Niederlanden mit ihrem leistungsfähigen Radwegenetz, der hohe Anteil der biologischen Betriebe an der Agrarproduktion in Österreich oder der zügige Ausbau der erneuerbaren Energien in Deutschland. Aber wo es um eine schnellstmögliche Reduktion der klimaverändernden Spurengasemissionen um 90 Prozent geht, um eine Verkleinerung unseres gesamten »ökologischen Fußabdrucks« um zwei Drittel und um eine Verbesserung der Ressourceneffizienz um einen Faktor 10, wirkt vieles von dem, was wir heute tun, doch eher als symbolische Politik. Mein früherer Kollege

Friedrich Schmidt-Bleek hat in seinem jüngst erschienenen Buch *Grüne Lügen* noch einmal in dankenswerter Klarheit auf diesen Sachverhalt hingewiesen, auch wenn er hier und da etwas überzeichnet haben mag.[21]

Diffusionsmuster:
Aus der Nische in die Mitte der Gesellschaft

Belassen wir es zunächst bei der kurzen, überblicksartigen und keineswegs vollständigen Betrachtung der ausgewählten Wenden und stellen uns nun die Frage, welche Muster beim Herauswachsen sozial und ökologisch wünschenswerter Praktiken aus der Nische in den gesellschaftlichen Hauptstrom zu erkennen sind. Fünf solcher Muster scheinen offenkundig:

Muster 1: Die Negation des Falschen

Der Wille zum sozial-ökologischen Wandel erwächst zumeist aus der Negation des Falschen oder des als falsch Empfundenen. Aus der Ablehnung von Atomkraftgefahren und Waldsterben, Kohlebergbau und Klimawandel, monopolistischer Machtballung und staatlicher Verfilzung mit der großen Energiewirtschaft entstand die Energiewende; aus der Kritik an Massentierhaltung und Tierquälerei, Grundwasserbelastung und Landschaftszerstörung, Höfe-Sterben und Wachstumspolitik die Agrarwende; aus der Kritik an Pestizidrückständen in pflanzlichen Nahrungsmitteln und Antibiotika in der Tiermast, Ozonloch und Grundwasserkontamination, Wegwerfkultur und Müllverbrennung die Chemiewende. Es ist töricht, wenn manchmal festgestellt wird, das »Dagegen-Sein« sei keine Lösung der Probleme. Nein, eine Lösung ist es nicht. Aber die Negation und das Leiden an den Verhältnissen sind ganz offensichtlich Voraussetzungen für die Bereitschaft zum Umdenken und Umlenken. Und es muss hinzugefügt werden, dass Großkatastrophen offenbar als Beschleuniger des Wandels wirken: Tschernobyl und Fukushima für die Energiewende, BSE-Krise und Ekelfleischskandale für die Agrarwende, die Giftkatastrophen von Basel, Seveso und Bhopal für die Chemiewende.

Muster 2: Die Entwicklung von Alternativen in der Nische

Wahr ist aber auch, dass das bloße »Dagegen-Sein« noch keine transformative Kraft entwickelt. Es braucht mutige Pioniere und Vorreiter, die das Alte in Frage stellen und Alternativen entwickeln, sei es in der Theorie oder in der Praxis, im Labor oder im Feld, in Forschungsprogrammen oder Lehrplänen, im eigenen Leben oder in der Politik, allein oder in der Gemeinschaft mit anderen. Man kann es bezogen auf die Energiewende vielleicht so ausdrücken: Ohne die Freaks, Tüftler und Landkommunarden, ohne die Pioniere in Forschung, Handwerk und Industrie, ohne visionäre Politiker oder Parteien wären die Alternativen nicht verfügbar gewesen, als sich das Fenster der Möglichkeiten für eine Energiewende in Deutschland öffnete, zuerst einen Spaltbreit (nach Tschernobyl 1986), dann ein wenig mehr (nach dem Regierungswechsel zu Rot-Grün 1998) und schließlich sperrangelweit (nach Fukushima 2011). Die Lehre lautet eindeutig: Ohne das über drei Jahrzehnte während Vordenken, Vorarbeiten und Vorbereiten wäre die Energiewende im Wollen hängengeblieben. Es geht aber ebenso sehr um das Können.

Muster 3: Wandel braucht Pioniere, Ausbreitung braucht Reformpolitik

Zivilgesellschaftliches Engagement und das Setzen von staatlichen Rahmenbedingungen können sich wechselseitig befruchten und ergänzen. Für die Energiewende etwa gilt: Ohne Pioniere und ihre Erfolge keine politische Bereitschaft zur Einführung des Stromeinspeisungsgesetzes (1991) und des Erneuerbare-Energien-Gesetzes, EEG (1999); ohne EEG und seine sehr attraktiven Bedingungen kein massenhafter Umstieg auf erneuerbare Energien. Es ist also falsch, das vor allem auf der politischen Linken populäre Weltbild zu kultivieren, Lebensstilwandel und Wertewandel seien bürgerlicher Voluntarismus, der nichts ändere, es gehe vielmehr und einzig um Politikwandel.[22] Und ebenso falsch ist die irrigerweise als liberal bezeichnete Haltung, die Politik solle sich aus all dem heraushalten und die Entwicklung dem Markt überlassen, der es schon richten werde. Nein, die Lehre aus der Analyse der verschiedenen Wenden ist eindeutig: Bewusstseinswandel in einem hinreichend großen Segment der Gesellschaft ist die Voraussetzung für politische Handlungsbereitschaft, und Politikwandel ist die Voraussetzung dafür, dass es zu einem Herausführen ökologisch erwünschter Praktiken aus der Nische in die Mitte der Gesellschaft kommen kann.

Blockadekonstellationen (»Deadlocks«), in denen Bürger allzu gern behaupten, sie würden ja gerne handeln, aber die Politik tue einfach nichts, oder Politiker trotzig feststellen, sie würden ja gerne im Sinne der Nachhaltigkeit handeln, aber wenn sie es täten, würden sie vom Bürger bei den nächsten Wahlen abgestraft, können überwunden werden durch besser organisierte Dialoge, mehr Transparenz und dadurch, dass politischer Mut vom Wähler auch tatsächlich einmal honoriert und nicht nur als verrückt oder unzureichend kritisiert wird. Allerdings gilt auch: Politik kann nicht nur richtig, sondern auch falsch eingreifen, nicht nur zu spät, sondern auch zu früh. Auch hier bietet die Energiepolitik wieder Anschauungsmaterial: Als der Ausbau der erneuerbaren Energien in den späten siebziger und frühen achtziger Jahren noch in den Kinderschuhen steckte, man auf der Lernkurve also noch ganz unten war und es politisch eher um die Förderung von möglichst breitangelegter Forschung, allmählicher Diffusion und wechselseitigem Lernen gegangen wäre, glaubte der Staat – in diesem Fall die Bundesregierung –, ganz groß einsteigen zu müssen, und finanzierte den Bau einer für die damalige Zeit riesigen Windkraftanlage im Kaiser-Wilhelm-Koog nahe der Elbmündung in die Nordsee bei Marne. Als der »Growian« (Große Windenergieanlage) 1983 seinen Betrieb aufnahm (Planungsbeginn war 1976 gewesen), war angesichts der technischen Daten (100 m Nabenhöhe; 100 m Flügeldurchmesser; 3 Megawatt Leistung) schnell von Weltrekord und Zukunftshoffnung die Rede.

Es kam freilich ganz anders: Growian musste wegen permanenter technischer Probleme sehr bald wieder abgebaut werden und galt als teurer Flop. Im Rückblick lässt sich sagen: Growian, eines der Lieblingsprojekte sozialdemokratischer Industriepolitik der siebziger Jahre, das ganz und gar im zentralistischen Steuerungsoptimismus wurzelte, hat die Entwicklung der erneuerbaren Energien nicht vorangebracht, sondern eher zurückgeworfen, auch wenn selbst aus diesem Scheitern produktive Lernerfahrungen gezogen werden konnten.[23] Heute wissen wir: »Think big« ist bei Technologien, Verfahren und Institutionen der Nachhaltigkeit ganz sicher nicht die richtige Denkweise. Bei seinen späteren Interventionen, vor allem beim EEG, hat der Staat dies denn auch eingesehen und sich beim Marktdesign für die erneuerbaren Energien eher an den Prinzipien Dezentralität, Teilhabe, Zugang und

Vernetzung ausgerichtet. Diese Orientierung ist aber gegenwärtig wieder Gegenstand von politischen Kontroversen, und es scheint keineswegs ausgeschlossen, dass sich beim Ausbau der erneuerbaren Energien wieder industriepolitische Motive in den Vordergrund drängen.

Muster 4: Soziale Bewegungen als treibende Kraft

Ganz wichtig für den Erfolg der verschiedenen Wenden ist, dass sie von sozialen Bewegungen getragen werden, die eine (zumindest ungefähre) gemeinsame Vorstellung und Vision von nachhaltiger Energieversorgung, nachhaltiger Landwirtschaft oder nachhaltiger Verkehrsentwicklung haben. Sicher, es kann unterschiedliche Motivlagen geben. Wer die Energiewende will, kann über die Energieautonomie, das Energiesparen, die erneuerbaren Energien oder den Klimaschutz kommen. Wer die Agrarwende will, kann vom Wunsch nach gesunder Ernährung, Natur- oder Tierschutz angetrieben sein. Und wer sich für die Verkehrswende einsetzt, kann dafür vom Lärmschutz über den Klimaschutz bis zur Verkehrsberuhigung unterschiedlichste Motive haben. Unverzichtbar ist aber, dass es ein einigendes Band gibt und gemeinsame Grundorientierungen. Dabei schließen sich (relative) Homogenität in den Zielen und Heterogenität in den Motivlagen keineswegs aus. Am stärksten sind die Wenden dort, wo sich idealistische Motive (»Das Klima für zukünftige Generationen schützen!«) mit sozialen (»Gemeinsam für das Richtige streiten!«) und ökonomischen Motiven (»Neue Geschäftsfelder durch Energiewende und Klimaschutz«) verbinden können, wo den ökonomischen Verursacherinteressen (»Zur konventionellen Landwirtschaft gibt es keine Alternative!«) nicht nur primär moralische Betroffeneninteressen (Vermei-

dung von Umweltbelastung), sondern auch materielle Helfer-
interessen (ökologischer Landbau, Gesundheitsbewusstsein,
Esskultur) gegenüberstehen,[24] wo es nicht nur um Wollen
(»Schluss mit der Atomkraft!«), sondern auch um Können
(»Her mit Einspartechnik, Sonnen- und Windkraft!«) geht.

Muster 5: Erfolgreiche Diffusion bei
Substanzverlust durch Mainstreaming

Dass die Ursprungsideen der Pioniere und Vorreiter der diversen Wendekonzepte von möglichst vielen aufgegriffen und
umgesetzt werden, ist das erklärte Ziel der Wendeprotagonis-
ten. Wahr ist aber auch, dass die Ideen und ihre Umsetzung
sich im Prozess des Herauswachsens aus der Nische in den
Mainstream ändern können. Das ist so lange nicht kritisch,
wie es nicht zu Umdeutungen, Usurpationen oder gar Perver-
sionen kommt. Schaut man sich die meisten der hier disku-
tierten Wenden an, so lässt sich ziemlich klar nachzeichnen,
dass sie primär sozial-ökologisch inspiriert sind, dass es zwar
in erster Linie um ökologische Ziele geht, aber auch um Fragen der sozialen und politischen Teilhabe und der Einbettung
der Ökonomie in gesellschaftliche Ziele. Es handelt sich also
um eine Ganzheit. Diese auseinanderzureißen und einzelne
Aspekte zu isolieren und anschließend zu überhöhen sollte
mit äußerstem Argwohn betrachtet werden. Als solche »Ver-
einseitigungen« müssen vor allem das Beschwören von »grünem Kapitalismus« und »grünem Wachstum« gelten, die die
Frage nach sozialer Einbettung der Ökonomie systematisch
ausblenden. Sicher, der Kapitalismus ist ein intelligentes Biest,
und über seine Anpassungs- und Transformationsfähigkeit ist
noch nicht endgültig entschieden, aber die Gesellschaft sollte
schon darauf achten, dass die sozial-ökologischen Wendekon-

zepte nicht gekapert werden und unter der Hand zur bloßen Frischzellenkur für die überkommene Wachstumsideologie mutieren.

Versucht man die Diffusionsmuster zu strukturieren und chronologisch abzubilden, so ergibt sich in etwa folgendes Bild:

- Gesellschaftlicher Bewusstseinswandel aus dem Geiste der Kritik am Bestehenden (»Negation des Falschen bzw. als falsch Empfundenen«) →

- Entwicklung von alternativer Pionierpraxis durch sozial-ökologische Innovatoren in der Nische (»First Mover«) →

- Langsame Diffusion der neuen Praxis und wechselseitiges Lernen (»Early Follower«) →

- Schaffung politisch förderlicher Rahmenbedingungen zur Verbreitung der erwünschten Praxis (»Political Frame-work«) →

- Massenhafte Diffusion der neuen Praxis in unterschiedlicher Geschwindigkeit (»Early Adapter« und »Late Adapter«) →

- Veränderte Praxis als neuer Mainstream.

Betrachtet man dieses Diffusionsmuster, so wird in der Rückschau leicht erkennbar, dass es sich fast immer um eine Mischung aus Wertewandel, politischer Rahmensetzung, staatlichem Handeln, technischen Innovationen, neuer sozialer Praxis, Lebensstil- und Kulturwandel handelt.[25] Das eine geht oft nicht ohne das andere. Wer sich dieses Wechselspiel vor Augen führt, wird verstehen, dass ökologische Fragen stets aufs Engste mit (zivil-)gesellschaftlichen Aspekten, Wirtschaftsfragen und vor allem mit politischen Gestaltungsfragen verknüpft sind. Nur eine holistische Herangehensweise an die notwendigen Veränderungen in Richtung Nachhaltigkeit kann deshalb als vielversprechend gelten, während eine Verengung auf Einzelaspekte (nur Technik oder nur Lebensstil- und Kulturwandel) meines Erachtens zum Scheitern verurteilt ist. Diese Lehre sollten sich alle vor Augen führen, die zukünftig an Strategien der Nachhaltigkeit arbeiten.

Gerade bei der nachhaltigen Entwicklung ist das Ganze mehr als die Summe seiner Teile. Sie ist ein interdependenter Ansatz, unter gegebenen Bedingungen vielleicht auch ein »wicked problem«, ein Problem, das aufgrund seiner enormen Schwierigkeit möglicherweise unlösbar ist, dessen Lösung aber dennoch immer wieder versucht werden muss, weil sich die Dinge nur so überhaupt zum Besseren wenden lassen.

Den einen großen und vernünftigen Nachhaltigkeits-Masterplan, der alles einschließt, alles löst, alles erklären kann, so wie ihn politische Beratungsgremien gelegentlich zu präsentieren pflegen, gibt es nicht. Den Protagonisten solch vermeintlich großer Würfe möchte man mit Bertolt Brechts klarer Einsicht aus seiner *Dreigroschenoper* entgegenhalten: »Ja, mach nur einen Plan; sei nur ein großes Licht! Und mach dann noch 'nen zweiten Plan – gehn tun sie beide nicht.«

Es ist kein Fatalismus, an den großen und mechanistischen Masterplan nicht mehr zu glauben. Im Gegenteil: Die Erfahrung der vergangenen Dekaden lehrt, dass (selbst bescheidenste) Fortschritte hin zu einer nachhaltigen Entwicklung nur im Dialog, in der (durchaus harten) Auseinandersetzung und letztlich in dem Zusammenspiel der verschiedenen gesellschaftlichen, politischen und ökonomischen Akteure gelingen können und reduktionistische Alleinvertretungsansprüche nur scheitern können.

Anmerkungen

1 Wörtlich heißt es in der Regierungserklärung des frisch gewählten Bundeskanzlers Helmut Kohl vom 13. Oktober 1982: »Die Frage der Zukunft lautet, wie sich Freiheit, Dynamik und Selbstverantwortung neu entfalten können. (…) Zu viele haben zu lange auf Kosten anderer gelebt: der Staat auf Kosten der Bürger, Bürger auf Kosten von Mitbürgern und – wir sollten es ehrlich sagen – wir alle auf Kosten der nachwachsenden Generationen.« Nachzulesen unter: http://www.helmut-kohl-kas.de/index.php?menu_sel=15& menu_sel2=213&menu_sel3=124 (abgerufen am 2. 2. 2015).

2 Wörtlich heißt es in Kohls Erklärung zum Inkrafttreten der Währungs-, Wirtschafts- und Sozialunion am 1. 7. 1990: »Durch eine gemeinsame Anstrengung wird es uns gelingen, Mecklenburg-Vorpommern und Sachsen-Anhalt, Brandenburg, Sachsen und Thüringen schon bald wieder in blühende Landschaften zu verwandeln, in denen es sich zu leben und zu arbeiten lohnt.«

3 Vgl. Erhard Eppler, Ende oder Wende. Von der Machbarkeit des Notwendigen, Kohlhammer, Stuttgart 1975. Für eine sehr interessante Rezension von Epplers Buch vgl. Gustav Heinemann, »Strategie des Überlebens«, in: Der Spiegel, Nr. 21/1975 vom 19. 5. 1975: http://www.spiegel.de/spiegel/print/d-41496568.html.

4 Vgl. Reinhard Loske, »Die Grünen als Umweltpartei. Anspruch verpflichtet«, in: Sigmar Gabriel, Die Umweltmacher. 20 Jahre BMU, Hoffmann und Campe, Hamburg 2006, S. 133–144.

5 Vgl. Peter Hennicke, Die Energiewende ist möglich, S. Fischer, Frankfurt am Main 1985.

6 Vgl. Arnim Bechmann, Landbauwende: Gesunde Landwirtschaft. Gesunde Ernährung. Vorschläge für eine neue Agrarpolitik, S. Fischer, Frankfurt am Main 1987.

7 Vgl. Rainer Grießhammer, Szenarien einer Chemiewende, Öko-Institut, Freiburg im Breisgau 1992.

8 Vgl. Markus Hesse, Verkehrswende. Ökologisch-ökonomische Perspektiven für Stadt und Region, Metropolis, Marburg 1994.

9 Vgl. Wilhelm Bode und Martin von Hohnhorst, Waldwende. Vom Försterwald zum Naturwald, C. H. Beck, München 1994.

10 Vgl. Thomas Kluge, Engelbert Schramm und Aicha Vack, Wasserwende, Piper, München 1995.

11 Vgl. Friedrich Schmidt-Bleek, Wieviel Umwelt braucht der Mensch? Faktor 10 – das Maß für ökologisches Wirtschaften, dtv, München 1997. In seiner späteren Abrechnung mit den falschen Prioritäten der Umweltpolitik und ihrer Fixierung auf Mikrogramme statt auf Megatonnen verwendet Schmidt-Bleek konsequent den Begriff Ressourcenwende: Vgl. Friedrich Schmidt-Bleek, Grüne Lügen. Nichts für die Umwelt, alles fürs Geschäft – wie Politik und Wirtschaft die Welt zugrunde richten, Ludwig, München 2014.

12 Vgl. Reinhard Loske und Raimund Bleischwitz und andere, Zukunftsfähiges Deutschland. Ein Beitrag zu einer global nachhaltigen Entwicklung. Eine Studie des Wuppertal Instituts für Klima, Umwelt und Energie im Auftrag des Bundes für Umwelt und Naturschutz Deutschland und von Misereor, Birkhäuser, Basel, Boston, Berlin 1995.

13 Vgl. Ernst Ulrich von Weizsäcker, Amory Lovins und Hunter Lovins, Faktor Vier. Doppelter Wohlstand – halbierter Naturverbrauch, Droemer Knaur, München 1995.

14 Vgl. Hermann Scheer, Solare Weltwirtschaft, Antje Kunstmann, München 1999.

15 Vgl. Robert Jungk, Der Atomstaat. Vom Fortschritt in die Unmenschlichkeit, Kindler, München 1977.

16 Das offizielle Regierungsdokument, in dem die Energiewende nach der Atomkatastrophe von Fukushima zum nationalen Konsensprojekt erklärt wird, trägt den Titel: »Deutschlands Energiewende – Ein Gemeinschaftswerk für die Zukunft.« Zu finden unter: http://www.bundesregierung.de/ContentArchiv/DE/Archiv17/Artikel/2011/05/2011–05–30-bericht-ethikkommission.html.

17 http://www.bundesnetzagentur.de/cln_1411/DE/Home/home_node.html.

18 Vgl. Hans Weiss, Schwarzbuch Landwirtschaft – die Machenschaften der Agrarpolitik, Deuticke Verlag, Wien 2010.

»VOM WENDEN« 129

19 Vgl.: http://www.vcoe.at/de/presse/aussendungen-archiv/details/items/vcoe-untersuchung-in-welchen-staedten-europas-am-meisten-rad-gefahren-wird-02062013 (abgerufen am 21.1.2015).

20 Vgl. hierzu Bundesverband Carsharing: Eine Idee setzt sich durch! 25 Jahre Carsharing, ksv, Köln 2014.

21 Vgl. Schmidt-Bleek, Friedrich, a.a.O.

22 Vgl. hierzu den insgesamt sehr lesenswerten Beitrag von Hans Thie, Rotes Grün. Pioniere und Prinzipien einer ökologischen Gesellschaft, Rosa Luxemburg Stiftung, VSA, Hamburg 2013.

23 Diesen Hinweis verdanke ich Ernst Ulrich von Weizsäcker, Korrespondenz vom Juni 2014.

24 Zur Definition von Verursacher-, Betroffenen- und Helferinteressen vgl. Volker von Prittwitz, Das Katastrophenparadox. Elemente einer Theorie der Umweltpolitik, Leske+Budrich, Opladen 1990.

25 Vgl. auch Kora Kristof, Models of Change: Wie wir gesellschaftliche Veränderungen erfolgreicher gestalten können, Oekom, München 2010.

MICHAEL PAUEN/HARALD WELZER
»Dialektik der Autonomie«

Wir haben in diesem Buch zu zeigen versucht, wie sich die
Spielräume für autonomes Handeln im Verlauf des Zivilisationsprozesses zusehends ausgeweitet haben. Moderne, demokratische und freiheitlich verfasste Gesellschaften sind ohne
die Vorstellung, dass Menschen autonom entscheidungsfähig
sind, nicht denkbar. Gleichzeitig haben wir darauf hingewiesen, dass wir zivilisatorische Standards, die einmal erreicht
worden sind, nicht einfach als unveränderlich voraussetzen
können. Bis in die jüngste Vergangenheit finden sich immer
wieder Prozesse des Zivilisationsverlustes, die auch die gewonnenen Autonomie- und Freiheitsspielräume massiv ein-
schränken können. Und: Autonomie und Freiheit erscheinen
nicht allen Menschen unter allen Bedingungen als willkom-
men; sie können auch als Belastung und Zumutung wahrgenommen werden, da sie Entscheidungszwänge auferlegen, denen viele nur allzu gern entkommen würden.

Konformismus, Sozialität, Lernen

Doch warum hat Konformismus dann einen so schlechten
Ruf? Immerhin sind Menschen konstitutiv kooperative Lebe-
wesen: Die Sozialanthropologie, die neurowissenschaftliche
Entwicklungsbiologie und die Sozialpsychologie legen hier-

von vielfältig Zeugnis ab. Menschen kommen im Singular nicht vor, sondern nur in Beziehungsgeflechten mit anderen, und ein menschliches Gehirn entwickelt sich nicht allein, sondern organisiert sich in seiner synaptischen Architektur nach den sozialen und kulturellen Kontexten, die sich über die Beziehungen vermitteln, deren Teil es ist. Das nennt man »erfahrungsabhängige Gehirnentwicklung«,[1] und in ihr liegt nicht nur die fundamentale Bezogenheit von Menschen auf andere begründet, sondern eben auch das Faktum, dass Menschen füreinander immer auch Informationsträger für angemessenes Verhalten sind.

Es ist schlicht ökonomisch, diese Informationen, die explizit und implizit, didaktisch und habituell, absichtlich oder unabsichtlich gegeben und wahrgenommen werden, für eigene Entscheidungen zu nutzen: Wir können und wir müssen voneinander lernen! Und Lernen scheint immer auch etwas mit Nachahmung und Anpassung zu tun zu haben. In den allermeisten Fällen bemerken wir es (bislang) nicht einmal, wenn wir uns an andere angepasst haben, statt uns autonom zu entscheiden. Wahrscheinlich ist diese konstitutive Sozialität des Menschen die Bedingung für die phantastische kulturelle Lernfähigkeit unserer Gattung. Michael Tomasello hat hier von einem kulturellen »Wagenhebereffekt« gesprochen: Bei Menschen setzen die neu hinzukommenden Generationen immer in der Entwicklungsumgebung an, die die vorangegangenen ihnen bereitgestellt haben – das kulturelle Wissen und die bis dahin entwickelten Lebensformen bieten die Basis für Weiterentwicklungen. Nichtmenschliche Lebensformen dagegen werden mit jeder Generation praktisch immer wieder auf die Anfangsbedingungen zurückgeworfen, weil sie nicht in der Lage sind, Gelerntes intergenerationell zu tradieren.

Sozialität ohne Konformismus

Ein gewisses Maß an Konformismus ist also schon dadurch gegeben, dass wir in jenes Wissens- und Verhaltensuniversum eintreten, das durch unsere Vorfahren und Mitmenschen geschaffen worden ist. Ein vollständig autonomes Subjekt stünde in diesem Sinn auf verlorenem Posten, müsste es doch seine Welt praktisch aufs Neue erfinden. Konformismus gehört aber nicht nur deshalb zu unserem Verhaltensrepertoire, weil sich die menschliche Lebensform kulturell entwickelt und Menschen konstitutiv soziale Wesen sind. Konformität bietet sozialen Lebewesen einen echten Überlebensvorteil – schon Fischschwärme liefern dafür ein hervorragendes Beispiel. Doch so nützlich der Konformismus auch sein mag – das Leben in einem Fischschwarm dürfte den wenigsten von uns wirklich attraktiv erscheinen. Eine der großen Errungenschaften moderner Zivilisationen besteht ja gerade darin, dass sie ihren Mitgliedern die Vorteile eines sicheren und funktionierenden Zusammenlebens bieten und dennoch auf allzu weitreichende Forderungen nach Konformität und Anpassung verzichten können. Sie können das deshalb, weil der zivilisatorische Prozess das grundsätzlich bestehende Spannungsverhältnis zwischen Konformität und Autonomie immer weiter zugunsten individueller Autonomie und gesellschaftlicher Freiheit gelöst hat. In früheren Gesellschaftsformationen und in nichtdemokratischen Gesellschaften heute ist die Spannung zwischen Konformität und Autonomie weit intensiver. Üblicherweise siegt dann der Zwang zur Konformität über Freiheit und Autonomie, wozu eben auch Zwang und Gewalt, also Unsicherheit und Gefährdung der Einzelnen, gehören. Deshalb sehen wir in den historisch gewonnenen Handlungsspielräumen in freien, demokratischen Rechtsstaaten eine zentrale zivilisatorische Errungenschaft. Denn wo das Maß an Freiheit und Autonomie gewachsen ist, haben sich auch Bildungsniveau, Gleichheitsvorstellungen, Rechtssysteme, Gesundheits- und Sozialfürsorge und politische Teilhabe am weitesten entwickelt.

Prognosen

Die Entwicklung und Verbreitung demokratischer Ordnungen schien dabei lange Zeit einem Muster zu folgen, in dem politische und ökonomische Liberalisierung eng voneinander abhingen. Nach dem Systemzusammenbruch des Ostblocks konnte es deshalb so aussehen, als stehe der endgültige Siegeszug des westlichen Gesellschaftsmodells unmittelbar bevor. Autoren wie Francis Fukuyama riefen daher gleich schon mal das »Ende der Geschichte« aus. Die Idee vom Ende der Geschichte ist ungefähr so alt wie das historische Denken selbst, und sie hat sich immer wieder als falsch erwiesen. Hegel, einer der bedeutendsten Geschichtsphilosophen überhaupt, sah das Ende der Geschichte bereits am Beginn des 19. Jahrhunderts gekommen. Fukuyama und Hegel irrten genauso wie die Wirtschaftspropheten, die kurz vor dem Platzen der Internetblase das Ende aller ökonomischen Krisen verkündet hatten. Was als historische oder ökonomische Analyse daherkommt, dokumentiert in Wirklichkeit einfach die Grenzen unseres historischen Vorstellungsvermögens, verbunden mit einer gehörigen Portion Wunschdenken, die gewohnte Welt solle möglichst erhalten bleiben.

Fundamentale Irrtümer sind dabei unvermeidlich – die Geschichte hat den Geschichtspropheten im Allgemeinen genauso wenig Verständnis entgegenbracht wie diese ihr. Im Falle Fukuyamas hat die Entwicklung seither nur zu deutlich gezeigt, wie falsch die Annahme war, der wirtschaftlichen

Liberalisierung werde die politische auf dem Fuße folgen. Kapitalismus geht auch ohne Demokratie. Dies zeigt der rasante Aufstieg Chinas genauso wie die Verwandlung Russlands in eine autokratische Oligarchie. Und dass mit der Globalisierung des Kapitalismus sich vielerorts extreme religiöse Fundamentalismen entwickeln würden, die in nicht wenigen Ländern sogar regierungsamtlich wurden, war in der Euphorie über den historischen Sieg des einen Systems über das andere ebenfalls nicht erwartet worden.

Immerhin trafen sich im Juni 2000 Vertreter »von 106 Ländern in Warschau, um in einer Deklaration der *Community of Democracies* feierlich zu erklären, dass sie die demokratischen Prinzipien zu respektieren und zu bewahren beabsichtigen«.[2] Die das erklärten, waren freilich nicht alles Vertreter von Demokratien, und in den 14 Jahren seither haben sich nicht nur damals unterzeichnete Staaten wie Rumänien oder Ungarn immer weiter von demokratischen Standards entfernt; andere, wie Nigeria und Mali, haben seither an Staatlichkeit und damit an der Grundvoraussetzung für demokratisches Regieren eingebüßt.

Rückblicke

Angesichts solcher Entwicklungen muss man sich vor Augen halten, dass wir heute in den entwickelten Demokratien nicht nur in der freiesten, sondern auch in der sichersten Form von Gesellschaft leben, die die Geschichte kennt. So hat z. B. Steven Pinker in einer umfangreichen Studie gezeigt, dass in den demokratischen Ländern die Zahlen von Gewaltopfern bei weitem am niedrigsten liegen.[3] Selbst im durch die beiden Weltkriege und zahlreiche andere, zum Teil äußerst brutale Gewaltkonflikte geprägten 20. Jahrhundert hat die relative Zahl von Opfern gegenüber früheren Zeiten deutlich abgenommen – sie liegt Pinker zufolge bei etwa drei Prozent aller Todesfälle im selben Zeitraum, für die wenigen Jahre des 21. Jahrhunderts konstatiert er ein weiteres Absinken auf etwa ein Prozent.[4] Die damit verbundene Zurückdrängung von Gewalt aus dem öffentlichen Bewusstsein hat weitreichende kulturelle Konsequenzen – wie sie bereits von Elias analysiert wurden. Auch wenn die Medien jeden Abend das Gegenteil eines sinkenden Gewaltniveaus suggerieren, zeigt doch die in reichen Demokratien rasant gestiegene Lebenserwartung (die etwa einer Verdoppelung in einem Zeitraum von nur 100 Jahren entspricht), dass Freiheit und Sicherheit keineswegs Gegensätze sind, sondern einander gegenseitig voraussetzen und stärken. Schon allein deshalb sollte man allen Politikern und Vertretern von Sicherheitsorganen, die Freiheitsrechte zugunsten von angeblich größerer Sicherheit einzuschränken beabsichtigen, entschiedenen Widerstand entgegensetzen.

Werfen wir zur Illustration noch einen Blick zurück in die Geschichte: Europa bestand im 15. Jahrhundert aus etwa 5000 unabhängigen politischen Einheiten in Form von Fürstentümern und anderen Machtbereichen des Adels[5] – und jeder Fürst oder Baron hatte die rechtliche Verfügung über das Wohl und Wehe seiner Landsleute. Welches Maß an direkter Gewalt, also auch an beständiger Gefährdung der eigenen Sicherheit, das bedeutete, lässt sich an vielen Zeitzeugnissen ebenso ablesen wie an der seinerzeit niedrigen durchschnittlichen Lebenserwartung. Die meisten Bewohner solcher kleinräumigen Herrschaftsbereiche waren der Willkür der Herren nicht anders ausgeliefert, als es heute noch in nach Herrschaftsclans organisierten Gesellschaften der Fall ist – hier fehlten und fehlen das Prinzip der Gewaltenteilung, das Rechtsstaatsprinzip ebenso wie die parlamentarische Repräsentation des Volkes und eine unabhängige Presse und Gerichtsbarkeit.

Hinzu kam, dass diese Staaten ständig durch äußere Konflikte und – mangels eines auch nur halbwegs funktionierenden Gesundheitssystems – von Seuchen bedroht waren. Man könnte die Aufzählung existentieller Bedrohungen früherer Generationen noch eine Weile fortsetzen. Halten wir stattdessen fest, dass unsere Vorfahren verglichen mit uns in einer extremen Lebensunsicherheit mit äußerst geringen individuellen Freiheitsspielräumen lebten. Und wir müssen an dieser Stelle nicht ausführen, dass die Etablierung von Rechtsstaaten mit demokratischen und freiheitlichen Verfassungen weder historischer Zufall noch historische Zwangsläufigkeit war, sondern ein mühevoll und unter großen Opfern erkämpfter und immer fragiler Zustand.

Unwahrscheinlichkeit der Gegenwart

Man muss sich diese Hintergründe vergegenwärtigen, um zu erkennen, dass das Maß an Autonomie, Freiheit und auch Sicherheit, das die Mitglieder moderner demokratischer Rechtsstaaten genießen, historisch nicht nur einzigartig, sondern auch geradezu unwahrscheinlich ist. Von den 200 000 Jahren Geschichte des Homo sapiens sind es, die athenische Demokratie eingerechnet, insgesamt bloß 400 bis 500 Jahre, in denen Demokratien geherrscht haben, und auch das jeweils nur in einem kleinen Teil der Welt. Das macht insgesamt 0,25 Prozent der Menschheitsgeschichte aus, in denen Demokratie zumindest für einen kleinen Teil der auf der Erde lebenden Menschen herrschte: Vielleicht kann man sich daran die Kostbarkeit des zivilisatorischen Standards klarmachen, den wir in der Gegenwart genießen, bei all den gravierenden Mängeln, die die heutigen Gesellschaften westlichen Zuschnitts immer noch haben. Und dieser Standard bedeutet eben die individuelle Erwartbarkeit von Ausbildung, sozialer Sicherheit, Rechtssicherheit, körperlicher Unversehrtheit und Unverletzlichkeit von Person und Eigentum – solche Güter stehen deshalb in Verfassungen, weil sie *nicht* selbstverständlich sind.

Wenn in Ländern wie Nordamerika, Großbritannien, Frankreich oder der Schweiz schon viele Generationen nichts anderes als Demokratie erlebt haben, wenn man selbst in Gesellschaften wie der deutschen, die sehr spät auf den Pfad einer demokratischen, rechtsstaatlichen Entwicklung eingeschwenkt sind, inzwischen auf mehrere Jahrzehnte demokratischer Entwicklung zurückblicken kann, dann mag das zu der Annahme verleiten, wir befänden uns in einem halbwegs stabilen Zustand der zivilisatorischen Entwicklung. Langfristig angelegte Betrachtungen von Geschichtsverläufen zeigen jedoch, wie verfehlt diese Annahme ist: Gesellschaften und Ordnungen sind im Allgemeinen nicht stabil. Ein Blick auf die auf YouTube zu findende Animation »Europe in the last 1000 years«[6] ist hilfreich, um sich die Fragilität scheinbar fester staatlicher Gefüge vor Augen zu führen. Auch dass weder die weltgeschichtliche Zäsur von 1989 noch die Rückkehr in den Kalten Krieg von 2014 von irgendjemandem vorhergesehen wurden, sollte eine etwas demütigere Form der Geschichtsbetrachtung nahelegen. Tatsächlich neigen wir nach wie vor bei unseren Prognosen dazu, ebenso wie Hegel und Fukuyama gegenwärtige Zustände und Entwicklungen einfach in die Zukunft fortzuschreiben – als Wirtschaftswissenschaftler kann man damit zu Regierungsaufträgen kommen, von denen die Wahrsager früherer Zeiten niemals zu träumen gewagt hätten. Doch die Geschichte hat sich noch nie von unserer Unfähigkeit beeindrucken lassen, uns Alternativen zum gegenwärtigen Zustand vorzustellen.

Immerhin können wir aus den Fehlern der Vergangenheit zumindest ein wenig lernen – nicht, um doch noch gute Propheten zu werden, sondern um unseren Blick für die Möglichkeit unerwarteter Entwicklungen zu schärfen. Genauso wie sich unsere Vorfahren vor zwei oder drei Generationen unser Leben in einem reichen, freien und demokratischen Land wie der Bundesrepublik kaum hätten vorstellen können, genauso müssen wir damit rechnen, dass das Leben unserer Nachfahren in ein oder zwei Jahrhunderten unsere Vorstellungskraft sprengt – im Positiven wie im Negativen. Tatsächlich zeigen viele Geschichtsbrüche, dass Zivilisierung kein linearer Prozess ist: Einmal erreichte Fortschritte können auch wieder verspielt werden – man muss dazu nur an die Geschichte des Römischen Reiches denken, dessen Ende nach neueren Hypothesen übrigens durch einen Klimawandel besiegelt wurde.[7] Wir müssen also mit der Möglichkeit rechnen, dass auch das heute erreichte Maß an Freiheit und Autonomie wieder verlorengehen kann.

Warum Autonomie eine bewahrenswerte Errungenschaft ist

Doch warum ist es überhaupt so wichtig, Autonomie zu verteidigen? Warum handelt es sich hier wirklich um eine wichtige zivilisatorische Errungenschaft? Immerhin weisen wir darauf hin, dass Konformismus durchaus nützlich sein kann. Nützlich schon, und das in einem gewissen Maß. Doch zum einen würde ein Verlust der Freiheitsspielräume, wie wir sie heute genießen, für die meisten mit einem substantiellen Verlust an Lebensqualität verbunden sein. Es ist aus heutiger Sicht schwer vorstellbar, dass die wichtigen Entscheidungen über den eigenen Lebensweg wieder von Eltern, Sippen oder gar dem Staat getroffen werden sollen. Und was wäre, wenn man sich seinen Partner nicht mehr selbst aussuchen könnte, sondern lebenslang mit jemandem zusammenleben müsste, den andere ausgewählt haben – am Ende noch ein Computeralgorithmus? Die Liste ließe sich problemlos verlängern, doch es geht nicht allein um die subjektive Lebensqualität.

Freiheitsspielräume sind auch unverzichtbar, um Unrecht zu beseitigen, falsche Entwicklungen zu korrigieren, neue Pfade zu begehen und die Prioritäten staatlichen Handelns zu ändern – nichts anderes haben soziale Bewegungen – die Arbeiterbewegung, die Bürgerrechtsbewegung, die Frauenbewegung, die Schwulenbewegung – jeweils erreicht. Demokratische Gesellschaften bauen, mit anderen Worten, auf die Autonomiespielräume ihrer Mitglieder, ohne die sie nicht wandlungs- und modernisierungsfähig wären. Ohne den Protest gegen die Volkszählung von 1983 gäbe es in Deutschland nicht das Recht auf informationelle Selbstbestimmung, und ohne die Anti-Atomkraft-Bewegung gäbe es keine Energiewende –, um nur zwei Beispiele von vielen zu nennen, die auf den Gestaltungsbedarf moderner Gesellschaften durch ihre Mitglieder verweisen. Und gegenwärtig entwickelt sich in diesem wie in vielen anderen europäischen Ländern eine wachstumskritische soziale Bewegung, die Fragen, Prioritäten und Gestaltungsmöglichkeiten eines guten Lebens jenseits von Hyperkonsum und Naturzerstörung propagiert, getragen von Menschen, die genau jene Handlungsspielräume nutzen, die ihnen dieser Typ von Gesellschaft offeriert.[8]

Aus all diesen Gründen sind wir alles andere als pessimistisch, was die Fortentwicklung unserer Gesellschaft in Richtung Freiheit und Autonomie angeht: Individuum und Gesellschaft sind gleichermaßen auf diese Errungenschaften angewiesen. Aber deshalb ist es auch so wichtig, sich die Gefährdungen dieser Errungenschaften bewusstzumachen und ihre Verteidigung selbst in die Hand zu nehmen. Die Verteidigung der Autonomie kann man nicht delegieren; Autonomie *besteht* in diesem Sinn in ihrer gelebten und praktizierten Verteidigung.

Über die Gefährdungen von Autonomie und Freiheit heute haben wir ausführlich gesprochen. Vielleicht bedarf es hier nur noch des Hinweises, dass die Kostbarkeit solcher zivilisatorischen Standards für diejenigen nur schwer erkennbar ist, die schon mit ihnen aufgewachsen sind. Gerade dann kann es passieren, dass man Freiheit und Autonomie als selbstverständlich betrachtet und sich nicht weiter um ihre Sicherung kümmert. Vermutlich erklärt sich auch hieraus die bemerkenswerte Sorglosigkeit von Politik und Zivilgesellschaft gegenüber der Staatsferne und Überwachungsmacht von modernen Internetkonzernen wie Google, Facebook etc. Auch das oft junge Führungspersonal dieser Konzerne scheint sich eher an ökonomischen und weniger an sozialen Werten zu orientieren; die vor allem in der Nachkriegszeit in Deutschland proklamierte soziale Verpflichtung des Eigentums tritt daher in den Hintergrund zugunsten einer umso stärkeren Fokussierung auf Wettbewerb, Konkurrenz und individuellen Erfolg.

Insofern möchten wir an dieser Stelle darauf hinweisen, wie mager die Verlockungen sind, mit denen diese Konzerne uns dazu bringen wollen, Autonomie, Freiheit und letztlich auch unsere Privatheit aufzugeben, die – wie wir gesehen hatten – eine Grundbedingung von Autonomie und Freiheit ist. Google und Facebook versprechen ein wenig Bequemlichkeit und die allseitige und jederzeitige Verfügbarkeit von Informationen. Abgesehen davon, dass das Problem moderner Menschen eher darin besteht, zu viel zu wissen und zu viel haben zu können, so dass sie massive Orientierungsprobleme entwickeln – ist das Leben noch nicht bequem genug? Wollen wir mit all den Smart Homes, mit autonomen Fahrzeugen und frei Haus gelieferten Dingen die Fremdsteuerung, von der wir uns in einem mühsamen historischen Prozess befreit haben, wiederaufleben lassen? Entsteht dadurch nicht so etwas wie eine feindliche Übernahme unserer eigenen Entscheidungsfähigkeit, die das Leben nur bequem, aber damit auch reibungslos und erfahrungslos macht? Worin besteht denn die Offerte all der smarten Verführer mit ihren Apps, Gadgets, Innovationen und Updates, die uns unsere Autonomie abhandeln wollen?

Vielleicht hilft hier ein etwas anachronistischer Blick auf ein bekanntes Volksmärchen: des Kaisers neue Kleider. Wie bei den meisten Märchen weiß man nur noch, wie es ausgeht – in diesem Fall, dass ein Kaiser nackt auftritt, alle seine imaginären Kleider bewundern und nur ein Kind sagt: »Aber der hat ja gar nichts an!« Doch warum bewundern alle Erwachsenen seine imaginären Kleider? Weil die Geschichte so geht: Es gab diesen luxusverliebten Kaiser, der an nichts mehr interessiert war als an aufwendigen, modischen Kleidern und dafür seine Staatsgeschäfte vernachlässigte. Das machten sich zwei, heute würde man sagen: smarte Betrüger zunutze, die behaupteten, die feinsten, erlesensten, tragbarsten Kleider überhaupt liefern zu können – passgenau, bequem und extrem elegant. Das fand der Kaiser vielversprechend und engagierte die beiden, richtete ihnen eine Manufaktur mit Webstühlen ein und freute sich auf die neuen, einzigartigen Kleider. Die beiden legten los, hatten aber zuvor auf eine besondere Eigenschaft ihrer Produkte hingewiesen: Jeder würde sofort die ganz einzigartige Qualität und Auserlesenheit von Schnitt und Stoff erkennen – die einzige Ausnahme würde machen, wer dumm oder unfähig ist, sein Amt auszuüben. Er würde die neuen Kleider nicht sehen können. Das Ergebnis: Jeder, der die angeblichen Meisterschneider bei der Arbeit besuchte, um den Fortgang zu begutachten, erschrak darüber, dass er nichts sah. Und um seine vermeintliche Dummheit und Unfähigkeit nicht zu verraten, ließ er sich nichts anmerken, sondern lobte stattdessen die außerordentliche Qualität der neuen Kleider. So ging es schließlich auch dem Kaiser selbst, der selbstverständlich verbergen wollte, dass er rein gar nichts sah, als ihm die neuen Kleider angemessen wurden. Und da inzwischen alle Mitglieder des Hofes allen anderen versichert hatten, wie prächtig die neuen Kleider seien, durchbrach niemand die kollektive Selbstsuggestion. Bis auf das Kind, das von der Suggestion nicht erfasst worden war.

Der Trick der beiden Betrüger bestand in der Herstellung einer Gemeinschaft der Wissenden und der Diskreditierung der Unwissenden – ein Herrschaftsmechanismus, der zu einem kollektiven Wahn wird. Seine Entlarvung kann nur um den Preis der Selbstentblößung stattfinden, deshalb tun alle mit. Ein kulturelles Wahnsystem basiert darauf, dass sich alle wechselseitig darin versichern, dass sie in ihrer Wahrnehmung übereinstimmen. Es bedarf der Naivität des Nichteingeweihten, um den Wahn zu brechen. Das Märchen endet damit, dass das ganze Volk plötzlich ruft, dass der Kaiser nackt sei, metaphorisch gesprochen: seine Herrschaft also nur von ihrer Zustimmung abhängig war.

»Aber der hat ja gar nichts an« – dieser Einspruch, der mit der eigenen autonomen Erkenntnis den kollektiven Wahn durchbricht, ist auch am Platz, wenn es darum geht, die Verlockungen von Google und Facebook gegen die Werte aufzuwiegen, die auf dem Spiel stehen: gegen Autonomie und Freiheit. Was nützt der unbegrenzte Zugang zu Informationen, wenn zugleich jeder jede Information über mich haben kann? Was nützen alle kommunikativen Möglichkeiten, wenn keiner mehr Geheimnisse hat, die er mit niemandem oder mit nur ganz wenigen teilt? Was nützt Transparenz im Politischen, wenn niemand sich mehr mit einer Gruppe von Vertrauten organisieren kann, um gemeinsam Widerstand gegen politische Fehlentwicklungen zu leisten? Schließlich: Was nützt es, autonome Entscheidungsfähigkeit an so etwas Dummes wie einen Kühlschrank oder ein Auto abzugeben, wenn man niemanden mehr vor Gewalt und Verfolgung schützen kann? Es geht gegenwärtig um etwas, nämlich um den Erhalt eines mühsam erworbenen zivilisatorischen Standards. Man sollte ihn sich nicht für Tand abkaufen lassen, für Dinge, die das Leben unwesentlich bequemer, aber sicher nicht besser machen.

Doch wo fängt der Wahn an – wo hört die Erkenntnis auf? Beim Schreiben dieses Textes waren wir – natürlich – nicht immer einer Meinung: Einer von uns, Harald Welzer, sieht die Entwicklung ein wenig negativer, Michael Pauen findet einiges begrüßenswert und manches weniger dramatisch. Günther Anders erscheint dem einen genial vorausblickend, dem anderen überbewertet und pathetisch. Aber wenn man Autonomie für wünschenswert hält, dann lebt sie ja gerade darin, dass es Differenz gibt und man sie aushalten kann, mehr noch: für existentiell hält. Denn ohne Differenz, Reibung, Widerspruch, Unvereinbarkeit von Sachverhalten und Deutungen gibt es ja überhaupt weder wissenschaftliche Erkenntnis noch politisches Bewusstsein – wie gezeigt, wird das ja auch durch die empirischen Erkenntnisse über Gruppenentscheidungen bestätigt. Eine allumfassende Konsenskultur, in der jede und jeder widerspruchsfrei versorgt ist und dasselbe hört, sieht und denkt, ist das Gegenteil von einer Kultur der Freiheit, in der möglichst viele in der Lage sind, ihr Leben möglichst weitgehend selbst zu bestimmen.

Schließen wir daher ab mit einem Beispiel von »Der hat ja gar nichts an!«: Eine zentrale Eigenschaft, die modernen Verhältnissen immer und überall attestiert wird, ist Komplexität. Alles hänge mit allem zusammen, Vernetzungen seien ungeheuerlich, Machtverhältnisse undurchschaubar, die Technik übermächtig, und die Globalisierung habe die wechselseitigen Abhängigkeiten noch um mehrere Potenzen erhöht. Und deshalb sei es so schwierig, in all dieser Komplexität noch handlungs- und entscheidungsfähig, mithin autonom zu bleiben. Stimmt das? Hat die Komplexitätsbehauptung »etwas an«?

Schaut man genauer hin, wie sich innerhalb weniger Jahrzehnte die symbolischen Praktiken, die Wirtschaftsformen, die Kommunikationsmittel, die Geschäfte, die Haustypen, die Einkaufsstraßen, die Cafés, die Zahlungsmittel, kurz: die kulturellen Erscheinungsformen weltweit angeglichen haben, dann kann man nicht mehr ernsthaft von einer Erhöhung von Komplexität sprechen. In Wirklichkeit haben wir es hier mit deren radikaler Reduktion zu tun. Mit dem Verschwinden »fremder« kultureller Praktiken, gesprochener Sprachen, gebrauchter Währungen, lokaler Erzeugnisse verschwindet Differenz – übrig bleibt ein uniformer Standard. Große Hotelketten offerieren überall auf der Welt dasselbe Hotelzimmer, jede Innenstadt ist von Starbucks, H & M, Esprit, Apple und Nike möbliert. Alle Smartphones nötigen ihre Benutzer unterschiedslos, in das von ihnen definierte Universum einzutauchen; öffentliche Kommunikation, vom Zufallsgespräch bis zum Flirt, verschwindet, weil alle sich ihre nötigen »Informationen« nicht mehr aus der sie umgebenden sozialen Welt holen, sondern aus der technischen, die sie mit sich herumtragen. Komplexität, so hat es der große Anthropologe Claude Lévi-Strauss in seinem Buch *Traurige Tropen* formuliert, hängt ab von dem Informationsgefälle, das es zwischen den Menschen gibt. »Jedes ausgetauschte Wort, jede gedruckte Zeile stellt eine Verbindung zwischen zwei Partnern her und nivelliert die Beziehung, die vorher durch ein Informationsgefälle, also durch größere Organisation gekennzeichnet war. Statt Anthropologie sollte es ›Entropologie‹ heißen, der Name einer Disziplin, die sich damit beschäftigt, den Prozeß der

»DIALEKTIK DER AUTONOMIE«   145

Desintegration in seinen ausgeprägtesten Erscheinungsformen zu untersuchen.«[9]

In der Tat: Wenn man sich die Unterschiedslosigkeit der Artefakte, die die Welt überschwemmen, und der Formen, in denen sie angepriesen und gehandelt werden, anschaut, kommt man nicht umhin, so etwas wie einen Prozess sozialer Entropie zu konstatieren. Sein Fortschritt besteht in der Aufhebung von Differenz, sein Ergebnis in der Verringerung von Komplexität. Und damit in der Vereinfachung des Denkens, was gleichbedeutend ist mit dem Verlust von Widerstandsfähigkeit. Man sollte sich dagegen verteidigen, dümmer und ohnmächtiger sein zu sollen, als man sein könnte.

Wie man Autonomie verteidigt

Norbert Elias hat in seiner Theorie des Zivilisationsprozesses nachgezeichnet, wie Fremdzwänge und direkte Gewaltverhältnisse im Lauf der Jahrhunderte durch Selbstzwänge und Gewaltmonopole abgelöst wurden. Dabei kommt es niemals zu einer vollständigen Transformation; immer bleiben vorangegangene Entwicklungsniveaus erhalten, wenn andere schon neben sie getreten sind – so hält sich in den westlichen Gesellschaften trotz der Monopolisierung der Gewalt durch den Staat und seine Exekutivorgane bis heute private Gewalt z. B. gegen Frauen und Kinder. Und während viele Gesellschaften durch rechtsstaatliche Ordnungen nach innen wie nach außen sicherer geworden sind, als man es sich noch vor hundert Jahren hätte vorstellen können, existieren andere, in denen Willkür, Unrecht und schiere Gewalt herrschen. Kurz: Der Zivilisierungsprozess ist uneinheitlich und ungleichzeitig, und das zeigt sich innerhalb einzelner Gesellschaften ebenso wie im Außenverhältnis unterschiedlicher Gesellschaften. Außerdem gibt es Prozesse der Entzivilisierung. Auch wenn der »Prozess der Zivilisation« mit einem hoffnungsvollen Ausblick schließt: Elias' Theorie ist keine optimistische Stufenfolge hin zu einer naturnotwendig immer friedlicheren und freieren Welt. Erreichte Standards sind immer gefährdet, weil die Welt sich permanent verändert: durch technische Entwicklungen, politische Modernisierungen und Brüche, Revolutionen, Machtergreifungen, Umweltkatastrophen, Emanzipationsprozesse und nicht zuletzt durch Ängste, Abwehrreaktionen und Gewaltspiralen unterschiedlichster Art. Was einem weiteren Zivilisierungsschritt auf der globalen Ebene fehlt und bis auf weiteres fehlen wird, ist ein zwischenstaatliches Gewaltmonopol, und deshalb wird es auch weiterhin erklärte und vor allem unerklärte Kriege geben, auch wenn hier, falls Steven Pinker recht hat, einiges an zivilisatorischem Fortschritt schon erreicht ist.

Wenn aber erreichte Zivilisierungsniveaus nie sicher und stabil sind, sondern immer durch politische Gestaltung gestützt und bewahrt werden müssen, dann bieten Gesellschaften, die ihren Mitgliedern in hohem Maße Autonomie erlauben, dafür die besten Voraussetzungen: Denn freie Menschen sind auch frei, ihre Freiheit gegen Angriffe und Gefährdungen zu verteidigen. Dieser Satz ist nicht so banal, wie er klingt: Denn unfreie Menschen können auch gezwungen werden, genau jenes System zu verteidigen, das ihre Unfreiheit stabilisiert.

Insofern stehen unsere Chancen im Prinzip gar nicht so schlecht, die Demokratie und das ihr zugrundeliegende Verhältnis von Öffentlichkeit und Privatheit zu sichern. Dazu müssen wir zunächst erkennen, dass die kostbare, unwahrscheinliche und über sehr lange Zeiträume erkämpfte Form von Staatlichkeit, Freiheit und Sicherheit, in der zu leben wir das Privileg haben, vorerst die größten individuellen Handlungsspielräume offeriert, die Menschen jemals in der Geschichte gehabt haben. Wir haben gesehen, dass es exakt die freien Gesellschaften sind, die ihren Mitgliedern die größte Sicherheit – vor Gewalt, Zwang, schädlichen Lebens- und Arbeitsbedingungen usw. – bieten, weshalb man jedem Sicherheitspolitiker und -anbieter energisch widersprechen sollte, der Sicherheit gegen Freiheit ausspielt. Wir sehen die größte Gefahr für unsere Autonomie auch nicht darin, dass fanatisierte Sicherheitsbeamte im Auftrag von Regierungen Gesetze brechen, Menschen abhören und ihre Daten sammeln, um ihren präventiven Sicherheits- und Machtphantasien zu huldigen. Das ist zweifellos eine sehr ernstzunehmende Gefahr, und wie weit sie schon vorangeschritten ist, davon hat uns Edward Snowden einen tiefen Eindruck gegeben. Viel schwerwiegender ist aber die Veränderung der Sozialität, die durch die Bereitstellung, Erfassung und Algorithmisierung aller Daten geschieht, die unser privates Leben betreffen. Wir haben an vielen Beispielen gesehen, wie diese unauffälligen, durch Komfortzuwächse attraktiv erscheinenden und sehr schnell von fast allen geteilten Wandlungen in den kommunikativen Standards unsere sozialen und politischen Standards verändern. Politische Standards? Ja, ganz zweifellos: Denn derjenige, dessen sportliche Aktivitäten, Pulsfrequenzen, Alkoholkonsummengen und Autofahrgewohnheiten überwacht und, vor allem, bewertet werden, wird ja ein unfreier Mensch. Zugunsten eines vermeintlich günstigeren Versicherungstarifs tauscht er Verhaltensspielräume, und dieser Preis ist auch dann hoch, wenn man denkt, man würde ja ohnehin gesund leben und vorsichtig fahren. Denn in dem Augenblick, in dem die Definition dafür nicht mehr von einer Solidargemeinschaft, sondern von Versicherungsmathematikern festgelegt wird, haben Sie Souveränität abgegeben, sind also politisch ohnmächtiger geworden, als Sie es sein müssten.

Deshalb ist die Verteidigungsregel

Nr. 1: Verkaufen Sie niemals persönliche Souveränität für monetäre Vorteile.

Über das Verhältnis von Freiheit und Sicherheit haben wir das Nötige schon gesagt, deshalb genügt als Verteidigungsregel

Nr. 2: Folgen Sie nie Politikerinnen und Politikern, die Ihnen mehr Sicherheit auf Kosten von Freiheit versprechen. Sie sind entweder schlecht informiert oder böswillig.

Entwickeln Sie ein Sensorium dafür, dass es Unternehmen und Behörden gibt, die ein rein egoistisches Interesse an Ihren Daten haben – sie verwenden sie nicht, um Ihr Leben angenehmer zu gestalten oder Verwaltungsabläufe einfacher zu machen. Dass beides nicht geschieht, erleben Sie daran, dass Sie permanent mit neuen Angeboten und ungefragten Updates auf der einen Seite und immer absonderlicheren Verwaltungsabläufen konfrontiert sind, die Ihnen Be- und nicht Entlastung auferlegen. Was die Bürokratie angeht, wissen wir seit Max Weber, dass sie eine prinzipiell unbegrenzte Expansionstendenz hat; sie kann sich nicht selbst abschaffen oder begrenzen, das kann nur der politische Souverän. Und die Unternehmen, die alles, was sie über Sie wissen können, abschöpfen, um Ihnen desto besser Bedürfnisse aufzuschwatzen, die zu ihren Produkten passen, sind nur zu bremsen, wenn Sie ihnen diese Daten so weit wie möglich verweigern. Daher lautet die Regel

Nr. 3: Üben Sie digitale Askese, wo immer es geht.

Ihr Leben hängt nicht davon ab, Dinge online zu bestellen oder zu buchen; im Gegenteil erhalten Sie Arbeitsplätze und reduzieren Mobilität und Verpackungsmüll, wenn Sie offline kaufen und ordern. Darüber hinaus gilt für Ihre Kommunikation über das Internet Regel

Nr. 4: Soziale Netzwerke (wie immer sie heißen) sind keine sozialen Netzwerke, sondern Produktionsstätten von informationeller Macht über Sie. Wenn Sie an solchen Netzwerken teilnehmen, dann überlegen Sie sich gut, was Sie dort veröffentlichen – es sind nicht nur Ihre Freunde, die mitlesen. Und lassen Sie sich nie von den periodisch um sich greifenden Hysterien anstecken. Damit zusammen hängt Regel

Nr. 5: Glauben Sie niemals, dass der annoncierte Vorteil einer technischen Innovation ein Vorteil für Sie ist.

Sicher, es mag angenehm sein, in sein vorgeheiztes Haus zu kommen, wo der DHL-Bote schon steht, um Ihnen die von Ihrem smarten Kühlschrank bestellte Milch zu liefern, aber waren Sie derjenige, der die Temperatur und die Sorte gewählt hat? Jede Entscheidungsmöglichkeit, die Sie für eine vermeintliche Komforterhöhung abgeben, schränkt Ihre persönliche Autonomie ein – Ihr Handlungsspielraum wird systematisch und dynamisch zugunsten anderer begrenzt, die für Sie denken und handeln. In diesem Zusammenhang ist es übrigens sinnvoll, sich daran zu erinnern, wie viele Fehler und Defekte an Geräten, Programmen, Dienstleistungen Sie schon erlebt haben. Das erste Tesla-Auto ist schon von chinesischen Studenten gehackt worden, und man kann das mit Ihrem smarten Home ganz genauso machen. Aber meist ist das gar nicht nötig, weil das alles sowieso nicht zuverlässig funktioniert. Deshalb lautet die Verteidigungsregel

Nr. 6: Don't believe the hype.

Es gibt erheblich Wichtigeres im Leben als Dinge, die einem Entscheidungen abnehmen. Zum Beispiel zu üben, Wichtiges von Unwichtigem zu unterscheiden und die Folgen von Entscheidungen zu antizipieren. Gerade das ist es, was politisches Denken in demokratischen Gemeinwesen ausmacht: Demokratie ist die Abwägung von Alternativen und das Kämpfen für die jeweils bessere Alternative. Es ist nicht Gruppendenken, Anpassung, Sachzwang, Alternativlosigkeit. Demokratie ist keine Angelegenheit von Konformität, sondern eine der

Konfliktbereitschaft autonomer Individuen. Deshalb lautet Regel

Nr. 7: Treten Sie für Ihr eigenes Urteil ein.

Hilfreich ist dabei, wenn Sie mit Freundeskreisen und beruflichen Teams zu tun haben, die heterogen zusammengesetzt sind. Wie wir an den unterschiedlichsten Beispielen zeigen konnten, sinkt die Wahrscheinlichkeit, dass man zu autonomen Urteilen kommen kann, mit der Homogenität der Meinungen, mit denen man es zu tun bekommt. Da es hier zu Gruppendenken und Selbstverstärkungsprozessen kommen kann, die falsche Urteile wahrscheinlicher machen, sollten Gruppen nach Möglichkeit wenig hierarchisch aufgebaut und heterogen zusammengesetzt sein. Daraus ergibt sich Regel

Nr. 8: Suchen Sie bei der Urteilsbildung systematisch nicht nach mit Ihren übereinstimmenden, sondern abweichenden Auffassungen.

Aus demselben Grund ist es oft sinnvoll, Expertenmeinungen zu misstrauen – Experten sind Menschen, die Kenntnisse und Erfahrungen für einen Gegenstandsbereich gesammelt haben. Wenn sich dieser Gegenstandsbereich wandelt oder unter neue Voraussetzungen gerät, kann Erfahrung genauso hinderlich sein wie Expertenwissen. Expertenwissen begrenzt auch Denkmöglichkeiten, wenn es um Widerstand und Gegenwehr geht. So wird Kritikern der Massenüberwachung oft entgegengehalten, dass »das Internet ja nun mal da sei«, weshalb es individuelle Möglichkeiten, sich ihm zu entziehen, nicht gebe. Menschen, die – wie etwa Hans Magnus Enzensberger – einfach dafür votieren, keine E-Mails und keine Mobiltelefone zu verwenden, um sich der Überwachung zu entziehen, wird dann von Expertenseite Naivität attestiert, obwohl es sich dabei zwar nicht um ein hinreichendes, wohl aber um ein hilfreiches Mittel handelt, seine informationelle Selbstbestimmung zu sichern. Vermeiden Sie in jedem Fall, weiteren Expansionen des Zugriffs auf Ihre informationelle Selbstbestimmung zuzustimmen, indem Sie Ihre eigene Handlungsweise verändern. Stimmen Sie in diesem Sinn niemals zu, dass Bargeld abgeschafft wird. Unterstützen und fordern Sie eine Politik, die Expansionen der Fremdbestimmung solcher Art verhindert. Daraus folgt Regel

Nr. 9: Artikulieren Sie Ihren politischen Anspruch auf Selbstbestimmung.

Es hilft alles nichts. Wenn Sie nicht selbst auf Ihre Autonomie bestehen, wird es niemand für Sie tun. Das ist der Kern des Programms der Aufklärung, und dies ist der Sinn aller historischen Kämpfe, die zu Demokratie und Rechtsstaat geführt haben. Ohne Autonomie der Individuen sind diese nicht denkbar, aber ohne ihre Garantien ist Autonomie nicht denkbar. Daraus folgt Regel

Nr. 10: Es geht um etwas. Nämlich um das Eintreten für eine Gesellschaftsform, die garantiert, dass man für sie eintreten kann.

Schließlich: Wenn Sie alle diese Regeln unwidersprochen beherzigen, könnte Sie das in Verdacht bringen, konformistisch zu sein. Streichen Sie also diejenigen, bei denen Sie skeptisch sind, und fügen Sie andere hinzu. Denn so lautet Regel

Nr. 11: Demokratie bedarf der ständigen Übung in Autonomie.

Anmerkungen

1 Hans J. Markowitsch / Harald Welzer, Das autobiographische Gedächtnis.
2 Hans Vorländer, Demokratie, S. 119.
3 Steven Pinker, Gewalt. Eine neue Geschichte der Menschheit, Frankfurt am Main 2011, S. 146.

4 Ebd., S. 95.
5 Ebd., S. 125.
6 https://www.youtube.com/watch?v=bt8nEnblShw.
7 Ulf Büntgen et al., »Causes and consequences of past and projected Scandinavian summer temperatures, 500–2100 AD«, in: PLoS One 6/9 (2011), e25133; doi:DOI: 10.1371/journal.pone.0025133. Dort weitere Beispiele für fundamentale soziale und ökonomische Veränderungen, die eng mit klimatischen Veränderungen zusammenhingen.
8 Harald Welzer et al., (Hg.), Futurzwei-Zukunftsalmanach 2015/16, Frankfurt am Main 2014.
9 Claude Lévi-Strauss, Traurige Tropen, Frankfurt am Main 1982, S. 411.

NILS MINKMAR
»Zeit ohne Zukunft«

Das Jahrhundert, in dem die einst
imaginierte Science-Fiction spielt, erweist sich
bislang als zaudernde Heimat eines Wunsches
nach ewiger Gegenwart.

Drei Ereignisse haben unser Jahrhundert geprägt: die An-
schläge vom 11. September 2001 und die darauffolgenden
Kriege in Afghanistan und dem Irak, die amerikanische Fi-
nanzkrise mit dem Untergang von Lehman Brothers und der
daraus resultierenden europäischen Staatsschuldenkrise sowie eine Wanderungsbewegung von dramatischen Ausmaßen
und mit herzzerreißend untauglichen Mitteln – teils in Folge
des Arabischen Frühlings, teils als Resultat von Jahrzehnten
verfehlter Nahost- und Afrikapolitik. Hinzu kamen weitere
Trends, wie das erneuerte russische Expansionsstreben und
der zunehmend katastrophische Klimawandel – alles zusammen hat unsere Gegenwart tiefgreifend verändert.

Diese Erfahrungen verdichten sich zu einem bedrücken-
den Grundrauschen, von dem der Alltag aber weitgehend
isoliert ist. Das ist nicht nur eine Frage der individuellen Welt-
wahrnehmung oder der kulturellen Einstellungen, sondern
genauso eine Frage der politischen Praxis. Nach den Anschlägen vom 11. September 2001 war die patriotische Ergriffen-

heit in den Vereinigten Staaten, ja, in der gesamten westlichen Welt und darüber hinaus groß – Jassir Arafat spendete Blut für die amerikanischen Opfer –, jede Form der Mithilfe wäre zu mobilisieren gewesen, etwa für energiesparende Maßnahmen, um die Unabhängigkeit von saudischem Öl zu erreichen. Doch der damalige Präsident George W. Bush bat die Bürger lediglich darum, das gewohnte Konsumniveau zu halten und weiter einkaufen zu gehen. Es sollte außerdem Krieg geführt werden, zur Rache – aber für die Mehrheit der Bürger blieb er ein entferntes Phänomen, ein *special effect* der Außenpolitik. Gegen wen es genau ging und ob es überhaupt möglich war, gegen den Terror in den Krieg zu ziehen, durch solche Debatten sollte das Publikum nicht verunsichert werden.

Die Aufrechterhaltung des gegenwärtigen Status quo ist seitdem in diesem Jahrhundert immer mehr zum Leitbild des politischen Handelns geworden.

Damit hat man sich gänzlich von der Vorstellung verabschiedet, die Zukunft könne auch einen Fortschritt bringen. Der ansonsten und natürlich auch darin glücklose Nicolas Sarkozy machte dazu, lange vor seiner Amtszeit als französischer Staatspräsident, eine treffende Bemerkung: Als Kind habe ihm der Großvater immer von der Zukunft vorgeschwärmt, um wie viel besser das Leben des Enkels sein würde, mit all den neuen Erfindungen, dem Wohlstand, der verbesserten Kommunikation und einer friedlichen Welt. Und so ist es ja auch gekommen. Kinder der fünfziger, sechziger Jahre leben heute als Erwachsene in einer wohlhabenderen, freundlicheren Welt, in einer, die den Frieden höher schätzt als den Krieg. Das gilt für Europa, aber auch darüber hinaus: Das Leben der meisten Menschen hat sich in den letzten Jahrzehnten merklich verbessert. Das kam nicht von alleine, sondern war auch das Resultat einer optimistischen politischen Kommunikation, die oft davon sprach, dass es morgen besser sein müsste,

»ZEIT OHNE ZUKUNFT« 155

als es zuvor war. Entsprechende Reden von John F. Kennedy und Willy Brandt prägten nicht nur die politische Sphäre, auch Unternehmer wie Steve Jobs inspirierte dieser Gestus, dass mit Innovationen die Welt zum Besseren verändert werden kann. Es sollte nicht bloß an der politischen Spitze, sondern überall unruhig zugehen, die Leute sollten – ein heute vergessenes Adjektiv – ihrer Umwelt »kritisch« begegnen und so dazu beitragen, sie zu verbessern. Damals fiel ganzen Gruppen der Gesellschaft die Aufgabe zu, den jeweiligen Status quo zu dynamisieren, etwa den Studierenden, den Intellektuellen und Künstlern. Auch den Arbeitern, oder besser ihren Kindern, wurde keineswegs nur von Linken ein großes Interesse entgegengebracht. Von all diesen Gruppen erwartete man etwas, den Umsturz oder die große politische Reform. Nun möchte niemand mehr solch eine soziale Dynamik entfesseln. Obwohl das Jahr 2000 so vielen als die wahre Adresse der Zukunft galt, hat sich in den darauffolgenden Jahren paradoxerweise der Gedanke festgesetzt, dass es immer so bleiben muss, wie es gerade ist – statt der Zukunft beherrscht uns der Wunsch nach permanenter Gegenwart.

Das dynamische Verständnis der Gesellschaft, die sich Ziele setzt, in der die Exekutive die Akteure zusammenbringt, motiviert und Bürger auf Neues vorbereitet, ist durch ein ganz in die Statik verliebtes Modell ersetzt worden.

Jeder halbwegs mit Geopolitik vertraute Politiker hätte ahnen können, dass die bundesdeutschen Kommunen, dass die Städte überall in Europa mit einem Ansturm von Migranten würden rechnen müssen. Dass ein instabiler Irak, ein instabiles Libyen und ein Syrien im Bürgerkrieg die Menschen dazu nötigen würden, nach Europa zu kommen, ebenso wie aus vielen Ländern Afrikas. Dass es ihnen gleich sein muss, welche Gründe hier akzeptiert werden, weil auch der Wunsch nach einem materiell auskömmlicheren Leben, einem Leben mit mehr Geld, ein legitimer menschlicher Wanderungsgrund ist. Und dass sie auch nach Deutschland kommen, wenn man sie nicht mit Gewalt davon abhält.

Dass sich dadurch auch unser Land verändern würde, war ebenfalls abzusehen. Trotzdem war die Bundesregierung hier nur reaktiv tätig, wenn überhaupt. Sie erklärte nicht, wie sie sich alles denkt. Besonders deutlich wurde diese Leerstelle der Kommunikation in der Begegnung der Bundeskanzlerin mit dem Flüchtlingsmädchen Reem in einer Rostocker Schule. Daran war ja nicht verblüffend, dass die Kanzlerin nicht sofort, wie ein Potentat alter Zeiten, einen Gnadenerweis aussprach und der Familie das Bleiben gestattete. Verblüffend war, dass ihr jede Phantasie fehlte, um das Mädchen davon unabhängig mit dem Verweis auf bessere Zeiten zu trösten, die ja doch gut vorstellbar sind – selbst im Libanon.

Die Bürger sind längst ein Stück weiter. Sie testen im privaten Leben viele Formen des familiären Zusammenlebens, verändern Karrieren, Konsumgewohnheiten und machen sich über die moralischen Implikationen ihres Lebensstils seit vielen Jahren Gedanken. Und es scheint, als seien sie zwar nicht mehr so parteipolitisch gebunden, dafür aber entschlossen, soziale Plagen wie Rassismus, Fremdenfeindlichkeit und sexistische Diskriminierung ebenso wenig zu dulden wie eine verantwortungslose Plünderung von Ressourcen. Sie wären längst bereit, sich die anfallenden Aufgaben mit den professionellen Politikern zu teilen, sie erwarten an der Spitze der Regierung nicht mehr den Erlöser. Das käme auch dem politischen Personal zugute, das in der säkularen Gesellschaft die sozialen Verpflichtungen übernommen hat, welche früher Pfarrern, Adligen und Offizieren zukam, also Feierlichkeiten durch ihre Anwesenheit zu bereichern, zu eröffnen, zu grüßen und Dank auszusprechen. Überforderte Politiker können aber nur noch kleinteilig denken, die Folgen davon sind seit Jahren zu spüren. Sie reiben sich auf. Eine für größere Linien zuständige Politik sollte auch gar nicht mehr in den nationalen Hauptstädten erwartet werden, sondern muss in Brüssel gestaltet werden, kontrolliert durch ein starkes Europäisches Parlament. Die Zeit ist reif für eine Politik, die sich wieder etwas vornimmt und nicht davon träumt, sich selbst zu privatisieren.

BYUNG-CHUL HAN
»Das Glatte«

Das Glatte ist die Signatur der Gegenwart. Es verbindet Skulpturen von Jeff Koons, iPhone und Brazilian Waxing miteinander. Warum finden wir heute das Glatte schön? Über die ästhetische Wirkung hinaus spiegelt es einen allgemeinen gesellschaftlichen Imperativ wider. Es verkörpert nämlich die heutige *Positivgesellschaft*. Das Glatte *verletzt* nicht. Von ihm geht auch kein Widerstand aus. Es heischt *Like*. Der glatte Gegenstand tilgt sein *Gegen*. Jede Negativität wird beseitigt.

Der Ästhetik des Glatten folgt auch das Smartphone. Das Smartphone von LG *G Flex* ist sogar mit einer selbstheilenden Haut überzogen, die jeden Kratzer, also jede Verletzungsspur nach kürzester Zeit verschwinden lässt. Es ist gleichsam unverletzbar. Seine künstliche Haut hält das Smartphone immer glatt. Es ist außerdem flexibel und biegsam. Es ist leicht nach innen gebogen. So schmiegt es sich perfekt ans Gesicht und Gesäß. Diese Anschmiegsamkeit und Widerstandslosigkeit sind Wesenszüge der Ästhetik des Glatten.

Das Glatte beschränkt sich nicht auf das Äußere des digitalen Apparats. Auch die Kommunikation, die über den digitalen Apparat erfolgt, wirkt geglättet, denn es werden vor allem Gefälligkeiten, ja Positivitäten ausgetauscht. Sharing und Like stellen ein kommunikatives Glättmittel dar. Negativitäten werden eliminiert, weil sie Hindernisse für die beschleunigte Kommunikation darstellen.

Jeff Koons, wohl der erfolgreichste Künstler der Gegenwart, ist ein Meister glatter Oberfläche. Andy Warhol bekannte sich zwar auch zur schönen, glatten Oberfläche, aber seiner Kunst ist noch die Negativität des Todes und des Desasters eingeschrieben. Ihre Oberfläche ist nicht vollständig glatt. Die Serie »Death and Disaster« etwa lebt noch von der Negativität. Bei Jeff Koons gibt es dagegen kein Desaster, keine Verletzung, keine Brüche, keine Risse, auch keine Nähte. Alles fließt in weichen, glatten Übergängen. Alles wirkt abgerundet, abgeschliffen, geglättet. Jeff Koons' Kunst gilt glatter Oberfläche und ihrer unmittelbaren Wirkung. Sie gibt nichts zu deuten, zu entziffern oder zu denken. Sie ist eine Kunst des *Like*.

Jeff Koons sagt, der Betrachter seiner Werke möge nur ein simples »Wow« ausstoßen. Angesichts seiner Kunst ist offenbar kein Urteil, keine Interpretation, keine Hermeneutik, keine Reflexion, kein Denken notwendig. Sie bleibt bewusst infantil, banal, unbeirrbar entspannt, entwaffnend und entlastend. Sie ist jeder Tiefe, jeder Untiefe, jedes Tiefsinns entleert. So lautet sein Motto: »Den Betrachter umarmen«. Nichts soll ihn erschüttern, verletzen oder erschrecken. Die Kunst ist, so Jeff Koons, nichts anderes als »Schönheit«, »Freude« und »Kommunikation«.

Angesichts seiner glatten Skulpturen entsteht ein »haptischer Zwang«, sie zu betasten, sogar die Lust, daran zu lutschen. Seiner Kunst fehlt die Negativität, die Distanz geböte. Allein die Positivität des Glatten löst den haptischen Zwang aus. Sie lädt den Betrachter zur Distanzlosigkeit, zum *Touch* ein. Ein *ästhetisches* Urteil setzt aber eine *kontemplative Distanz* voraus. Die Kunst des Glatten schafft sie ab.

Der haptische Zwang oder die Lutschlust ist nur möglich in der sinnentleerten Kunst des Glatten. Hegel, der emphatisch an der Sinnhaftigkeit der Kunst festhält, beschränkt das Sinnliche der Kunst daher auf die »theoretischen Sinne des Gesichts und Gehörs«.[1] Sie allein haben den Zugang zum Sinn. Geruch und Geschmack werden dagegen vom Kunstgenuss ausgeschlossen. Sie sind empfänglich nur für das »Angenehme«, das nicht das »Schöne der Kunst« ist: »Denn Geruch, Geschmack und Gefühl haben es mit dem Materiellen als solchem und den unmittelbar sinnlichen Qualitäten desselben zu tun; Geruch mit der materiellen Verflüchtigung durch die Luft, Geschmack mit der materiellen Auflösung der Gegenstände, und Gefühl mit Wärme, Kälte, Glätte usf.«[2] Das Glatte vermittelt nur ein angenehmes Gefühl, mit dem sich kein Sinn, kein Tiefsinn verbinden ließe. Es erschöpft sich im »Wow«.

In *Mythen des Alltags* weist Roland Barthes auf den haptischen Zwang hin, den die neue DS von Citroën auslöst: »Wie man weiß, ist das Glatte immer ein Attribut der Vollkommenheit, weil sein Gegenteil den technischen und sehr menschlichen Vorgang der Bearbeitung verrät: Der heilige Rock Christi war ungenäht, also ohne Nähte, so wie das makellose Metall der Science-Fiction-Raumschiffe keine Schweißnähte kennt. Die DS 19 erhebt nicht den Anspruch auf die *völlig glatte Haut*, trotzdem sind es die Verbindungen ihrer Flächen, die das Publikum am meisten interessieren: Eifrig betastet es die Ränder der Fenster, es streicht mit der Hand über die breiten Gummifugen, die das Heckfenster mit seiner verchromten Einfassung verbinden. Mit der DS beginnt eine neue Phänomenologie der exakten Passung, so als ginge man von einer Welt verschweißter Bauteile über in eine Welt fugenlos gefügter Elemente, die ihren Zusammenhalt einzig der Kraft ihrer wunderbaren Form verdanken, was natürlich die Vorstellung einer unbeschwerten Natur wecken soll. Was die Materie selbst angeht, so fördert sie zweifellos ein Gefühl der Leichtigkeit in einem magischen Sinne. [...] Die Scheiben sind hier nicht mehr Fenster, Öffnungen, die in die dunkle Muschel gebrochen sind, sondern große Flächen von Luft und Leere, mit einer weiten Krümmung und dem Glanz von Seifenblasen.«[3] Auch die fugenlosen Skulpturen von Jeff Koons wirken wie glänzende, schwerelose Seifenblasen aus Luft und Leere. Sie vermitteln wie die fugenlose DS ein Gefühl der Vollkommenheit, ein Gefühl der Leichtigkeit in einem magischen Sinne. Sie verkörpern eine vollkommene, optimierte Oberfläche ohne Tiefe und Untiefe.

Der Tastsinn ist für Roland Barthes »unter allen der am stärksten entmystifizierende, im Gegensatz zum Gesichtssinn, der der magischste ist«.[4] Der Gesichtssinn wahrt Distanz, während der Tastsinn sie abschafft. Ohne Distanz ist keine Mystik möglich. Die Entmystifizierung macht alles genieß- und konsumierbar. Der Tastsinn zerstört die Negativität des ganz *anderen*. Er säkularisiert das, was er berührt. Im Gegensatz zum Gesichtssinn ist er unfähig zum Staunen. Daher ist auch der glatte *Touchscreen* ein Ort der Entmystifizierung und des totalen Konsums. Er bringt hervor, was einem *gefällt*.

Jeffs Koons' Skulpturen sind gleichsam *spiegelglatt*, so dass der Betrachter sich darauf bespiegeln kann. Bei seiner Ausstellung in der Fondation Beyeler bemerkt er zu seinem »Ballon Dog«: »Der Ballon Dog ist doch ein wunderbares Objekt. Er will den Betrachter in seiner Existenz bestärken. Ich arbeite oft mit reflektierendem, spiegelndem Material, weil es den Zuschauer automatisch in seiner Selbstgewissheit bestärkt. In einem dunklen Raum bringt das natürlich nichts. Aber wenn man direkt vor dem Objekt steht, spiegelt man sich darin und versichert sich seiner selbst.«[5] Der Ballon Dog ist kein Trojanisches Pferd. Er *verbirgt* nichts. Es gibt keine *Innerlichkeit*, die sich hinter glatter Oberfläche verbärge.

Wie auf dem Smartphone begegnet man angesichts der auf Hochglanz polierten Skulpturen nicht dem *Anderen*, sondern nur sich selbst. Die Devise seiner Kunst lautet: »Der Kern ist immer derselbe: Lerne, dir selbst und deiner eigenen Geschichte zu vertrauen. Das will ich auch dem Betrachter meiner Arbeiten vermitteln. Er soll seine eigene Lebenslust spüren.«[6] Die Kunst eröffnet einen Echoraum, in dem ich mich meiner selbst, meiner Existenz versichere. Ganz eliminiert ist die *Alterität* oder die Negativität des *Anderen* und des *Fremden*.

Jeff Koons' Kunst weist eine *soteriologische* Dimension auf. Sie verspricht eine *Erlösung*. Die Welt des Glatten ist eine Welt des Kulinarischen, eine Welt reiner Positivität, in der es keinen Schmerz, keine Verletzung, keine Schuld gibt. Die Skulptur »Balloon Venus« in Gebärstellung ist Jeff Koons' Maria. Aber sie gebiert keinen Erlöser, keinen mit Wunden übersäten *homo doloris* mit Dornenkrone, sondern einen Champagner, eine Flasche Dom Pérignon Rosé Vintage 2003, die sich in ihrem Bauch befindet. Jeff Koons inszeniert sich als Täufer, der eine Erlösung verspricht. Nicht zufällig heißt die Bildfolge aus dem Jahr 1987 »Baptism« (Taufe). Jeff Koons' Kunst betreibt eine *Sakralisierung des Glatten*. Er inszeniert eine *Religion des Glatten, des Banalen*, ja eine *Religion des Konsums*. Dafür soll jede Negativität eliminiert werden.

Für Gadamer ist die Negativität wesentlich für die Kunst. Sie ist ihre *Wunde*. Sie ist der Positivität des Glatten entgegengesetzt. Da ist *etwas* da, das mich erschüttert, durchwühlt, mich in Frage stellt, von dem der Appell ausgeht *Du mußt Dein Leben ändern*: »Es ist das Faktum dieses einen Besonderen, das das ›Mehr‹ ausmacht: daß es so etwas gibt: um mit Rilke zu sprechen: ›So etwas stand unter den Menschen‹. Dieses, daß es das gibt, die Faktizität, ist zugleich ein unüberwindlicher Widerstand gegen alle sich überlegen glaubende Sinnerwartung. Das anzuerkennen, zwingt uns das Kunstwerk. ›Da ist keine Stelle, die Dich nicht sieht. Du mußt Dein Leben ändern.‹ Es ist ein Stoß, ein Umgestoßen-Werden, was durch die Besonderheit geschieht, in der uns jede künstlerische Erfahrung entgegentritt.«[7] Vom Kunstwerk geht eine Stoßwirkung aus. Es stößt den Betrachter um. Das Glatte hat eine ganz andere Intentionalität. Es schmiegt sich dem Betrachter an, entlockt ihm einen *Like*. Es will nur gefallen und nicht umstoßen.

Heute wird das Schöne selbst geglättet, indem ihm jede Negativität, jede Form von Erschütterung und Verletzung genommen wird. Das Schöne erschöpft sich im *Gefällt-mir*. Ästhetisierung erweist sich als Anästhetisierung.[8] Sie sediert die Wahrnehmung. So ist auch Jeff Koons' »Wow« eine anästhetische Reaktion, die jener negativen Erfahrung des Stoßes, des Umgestoßen-Werdens diametral entgegengesetzt ist. Unmöglich ist heute die *Erfahrung* des Schönen. Wo das Gefallen, *Like*, sich vordrängt, erlahmt die *Erfahrung*, die ohne Negativität nicht möglich ist.

Die glatte visuelle Kommunikation vollzieht sich als eine *Ansteckung* ohne jede ästhetische Distanz. Die lückenlose Sichtbarkeit des Objekts zerstört auch den Blick. Allein der rhythmische Wechsel von Anwesenheit und Abwesenheit, Verschleierung und Entschleierung hält den Blick wach. Auch das Erotische verdankt sich der »Inszenierung eines Auf- und Abblendens«,[9] der »Wellenbewegung des Imaginären«.[10] Die pornographische Dauerpräsenz des Sichtbaren vernichtet das Imaginäre. Paradoxerweise gibt sie *nichts zu sehen*.

Heute wird nicht nur das Schöne, sondern auch das Hässliche glatt. Auch das Hässliche verliert die Negativität des Diabolischen, des Unheimlichen oder des Schrecklichen und wird zur Konsum- und Genussformel geglättet. Ihm fehlt völlig der furcht- und schreckenerregende Medusenblick, der alles versteinern lässt. Das Hässliche, von dem Künstler und Dichter des Fin de Siècle Gebrauch machten, hatte etwas Abgründiges und Dämonisches. Die surrealistische Politik des Hässlichen war Provokation und Emanzipation. Sie brach radikal mit den überlieferten Wahrnehmungsmustern.

Bataille erblickte im Hässlichen die Möglichkeit der Entgrenzung und Befreiung. Es bietet einen Zugang zur Transzendenz: »Niemand zweifelt an der Häßlichkeit des Sexualaktes. Wie der Tod bei der Opferung, so versetzt uns die Häßlichkeit bei der Paarung in Furcht. Aber je größer die Furcht [...], desto mächtiger ist das Bewußtsein der Entgrenzung, das den Ausbruch der Freude bestimmt.«[11] Das Wesen der Sexualität ist demnach Exzess und Überschreitung. Sie entgrenzt das Bewusstsein. Darin besteht ihre Negativität.

Heute beutet die Unterhaltungsindustrie das Hässliche, das Ekelhafte aus. Sie macht es konsumierbar. Der Ekel ist ursprünglich ein »Ausnahmezustand, eine akute Krise der Selbstbehauptung gegen eine unassimilierbare Andersheit, ein Krampf und Kampf, in dem es buchstäblich um Sein oder Nicht-Sein geht«.[12] Das Ekelhafte ist das Nichtkonsumierbare schlechthin. Auch für Rosenkranz hat das Ekelhafte eine existentielle Dimension. Es ist das *andere* des Lebens, das *andere* der Form, das *Verwesende*. Der Leichnam ist eine skandalöse Erscheinung, denn er hat noch Form, obwohl er *an sich formlos* ist. Aufgrund der noch vorhandenen Form hält er den Schein des Lebens aufrecht, obwohl er tot ist: »Das Ekelhafte ist die reelle Seite [des Scheußlichen], die Negation der schönen Form der Erscheinung durch eine Unform, die aus der physischen oder moralischen Verwesung entspringt. [...] Der Schein des Lebens im an sich Toten ist das unendlich Widrige im Ekelhaften.«[13] Das Ekelhafte als das unendlich Widrige entzieht sich jeder Konsumtion. Dem Ekelerregenden, das heute im »Dschungelcamp« dargeboten wird, fehlt jede Negativität, die eine existentielle Krise auslösen würde. Es wird zum Konsumformat geglättet.

»DAS GLATTE« 165

Das Brazilian Waxing macht den Körper *glatt*. Es verkörpert den heutigen Hygienezwang. Das Wesen der Erotik ist für Bataille Beschmutzung. Demnach wäre der Hygienezwang das Ende der Erotik. Die schmutzige Erotik weicht der *sauberen Pornographie*. Gerade die depilierte Haut verleiht dem Körper eine pornographische Glätte, die als rein und sauber empfunden wird. Die sauberkeits- und hygienebesessene Gesellschaft von heute ist eine Positivgesellschaft, die Ekel empfindet angesichts jeder Form von Negativität.

Der Hygienezwang greift auf andere Bereiche über. So werden überall im Namen der Hygiene Verbote ausgesprochen. Treffend stellt Robert Pfaller in seinem Buch *Das schmutzige Heilige und die reine Vernunft* fest: »Wenn man versucht, die Dinge, die unserer Kultur gleichsam unter der Hand unmöglich geworden sind, anhand von gemeinsamen Merkmalen zu charakterisieren, so fällt zunächst auf, dass diese Dinge von dieser Kultur selbst häufig unter dem Vorzeichen des Abscheus, als schmutzig erfahren werden.«[14]

Im Lichte der hygienischen Vernunft wird auch jede Ambivalenz, jedes Geheimnis als schmutzig wahrgenommen. Rein ist die Transparenz. Transparent werden die Dinge, wenn sie sich in glatte Ströme von Informationen und Daten einfügen. Daten haben etwas Pornographisches und Obszönes. Sie haben keine Innerlichkeit, keine *Rückseiten*, sind nicht *doppelbödig*. Darin unterscheiden sie sich von der *Sprache*, die eine totale *Scharfstellung* nicht zulässt. Daten und Informationen liefern sich totaler Sichtbarkeit aus und machen alles sichtbar.

Der Dataismus leitet die zweite Aufklärung ein. Die Handlung, die den freien Willen voraussetzt, gehört in die Glaubenssätze der ersten Aufklärung. Die zweite Aufklärung glättet sie zur Operation, zum *datengetriebenen Prozess*, der ohne jede Autonomie und Dramaturgie des Subjekts stattfindet.

Transparent werden Handlungen, wenn sie operational werden, wenn sie sich dem berechenbaren und steuerbaren Prozess unterwerfen.

Die Information ist eine pornographische Form des Wissens. Ihr fehlt die Innerlichkeit, die das Wissen auszeichnet. Dem Wissen wohnt insofern auch eine Negativität inne, als es nicht selten *gegen einen Widerstand* zu *erringen* ist. Das Wissen hat eine ganz andere Zeitstruktur. Es spannt sich zwischen Vergangenheit und Zukunft. Die Information bewohnt dagegen die geglättete Zeit aus indifferenten Gegenwartspunkten. Sie ist eine Zeit ohne Ereignis und Schicksal.

Das Glatte ist etwas, was einem bloß gefällt. Ihm fehlt die Negativität des *Gegen*. Es ist kein *Gegenkörper* mehr. Heute wird auch die Kommunikation glatt. Sie wird geglättet zu einem reibungslosen Austausch von Informationen. Die glatte Kommunikation ist frei von jeder Negativität des *anderen* und des Fremden. Die Kommunikation erreicht dort ihre maximale Geschwindigkeit, wo das Gleiche auf das Gleiche reagiert. Die Widerständigkeit, die vom *Anderen* ausgeht, stört die glatte Kommunikation des Gleichen. Die Positivität des Glatten beschleunigt die Kreisläufe von Information, Kommunikation und Kapital.

Der glatte Körper

In den heutigen Kinofilmen wird das Gesicht oft im Close-up aufgenommen. Das Close-up lässt den Körper insgesamt pornographisch erscheinen. Es entkleidet ihn der Sprache. Pornographisch ist diese Entsprachlichung des Körpers. Die im Close-up aufgenommenen Körperteile wirken wie Geschlechtsteile: »Die Großaufnahme eines Gesichts ist genauso obszön wie ein aus der Nähe betrachtetes Geschlechtsteil. *Es ist* ein Geschlechtsteil. Jedes Bild, jede Form, jede aus der Nähe betrachtete Körperpartie ist ein Geschlechtsteil.«[15]

Für Walter Benjamin stellt die Großaufnahme noch eine *sprachliche, hermeneutische* Praxis dar. Sie *liest* den Körper. Sie macht hinter dem mit Bewusstsein durchwirkten Raum die Sprache des Unbewussten lesbar: »Unter der Großaufnahme dehnt sich der Raum, unter der Zeitlupe die Bewegung. Und so wenig es bei der Vergrößerung sich um eine bloße Verdeutlichung dessen handelt, was man ›ohnehin‹ undeutlich sieht, sondern vielmehr völlig neue Strukturbildungen der Materie zum Vorschein kommen [...]. So wird handgreiflich, daß es eine andere Natur ist, die zu der Kamera als die zum Auge spricht. Anders vor allem dadurch, dass an die Stelle eines vom Menschen mit Bewußtsein durchwirkten Raums ein unbewußt durchwirkter tritt. [...] Ist uns schon im Groben der Griff geläufig, den wir nach dem Feuerzeug oder dem Löffel tun, so wissen wir doch kaum von dem, was sich zwischen Hand und Metall dabei eigentlich abspielt, geschweige wie das mit den verschiedenen Verfassungen schwankt, in denen wir uns befinden.«[16]

In der Großaufnahme des Gesichts verschwimmt ganz der Hintergrund. Sie führt zu einem Weltverlust. Die Ästhetik des Close-up spiegelt eine Gesellschaft wider, die selbst eine Close-up-Gesellschaft geworden ist. Das Gesicht wirkt in sich gefangen, wird selbstreferentiell. Es ist nicht mehr *welthaltig*, d. h. nicht mehr *expressiv*. Selfie ist genau dieses leere, ausdruckslose Gesicht. Die Selfie-Sucht verweist auf die innere Leere des Ich. Das Ich ist heute sehr arm an stabilen Ausdrucksformen, mit denen es sich identifizieren könnte, die ihm eine feste Identität verleihen würden. Heute hat nichts Bestand. Diese Unbeständigkeit wirkt sich auch auf das Ich aus und destabilisiert, verunsichert es. Gerade diese Unsicherheit, diese *Angst um sich* führt zur Selfie-Sucht, zum *Leerlauf des Ich*, der nie zur Ruhe kommt. Angesichts der inneren Leere versucht das Selfie-Subjekt vergeblich, *sich zu produzieren*. Selfie ist *Selbst in Leerformen*. Sie reproduzieren die Leere. Nicht eine narzisstische Selbstverliebtheit oder Eitelkeit, sondern eine innere Leere generiert die Selfie-Sucht. Hier gibt es kein stabiles, narzisstisches Ich, das sich selbst lieben würde. Vielmehr haben wir es mit einem *negativen Narzissmus* zu tun.

Im Close-up wird das Gesicht zum Face geglättet. Das Face hat weder Tiefe noch Untiefe. Es ist eben *glatt*. Ihm fehlt die Innerlichkeit. Face bedeutet Fassade (*lat. facies*). Zur Ausstellung des Face als Fassade ist keine Tiefenschärfe nötig. Die Tiefenschärfe würde die Fassade sogar beschädigen. So wird die Blende ganz geöffnet. Die offene Blende beseitigt die Tiefe, die Innerlichkeit, den *Blick*. Sie macht das Face obszön, pornographisch. Die Intentionalität der Ausstellung zerstört die *Zurückhaltung*, die die Innerlichkeit des Blicks konstituiert: »In Wirklichkeit sieht er nichts an; er *hält* seine Liebe und seine Angst nach innen *zurück:* nichts anderes ist der Blick.«[17] Das Face, das sich ausstellt, ist *ohne Blick*.

Der Körper befindet sich heute in einer Krise. Er zerfällt nicht nur zu pornographischen Körperteilen, sondern auch zu digitalen Datensätzen. Der Glaube an die Vermessbar- und Quantifizierbarkeit des Lebens beherrscht das digitale Zeitalter insgesamt. Auch die Bewegung »Quantified Self« huldigt diesem Glauben. Der Körper wird mit digitalen Sensoren ausgestattet, die alle körperbezogenen Daten erfassen. »Quantified Self« verwandelt den Körper in einen Kontroll- und Überwachungsschirm. Gesammelte Daten werden auch ins Netz gestellt und ausgetauscht. Der Dataismus löst den Körper in Daten auf, macht ihn *datenkonform*. Auf der anderen Seite wird er in Partialobjekte zerlegt, die Geschlechtsteilen gleichen. Der *transparente Körper* ist kein *narrativer* Schauplatz des Imaginären mehr. Vielmehr ist er eine Addition von Daten oder Partialobjekten.

Die digitale Vernetzung *ver*-netzt den Körper. Das selbstfahrende Auto ist nichts anderes als ein mobiler Terminal von Informationen, an den ich bloß *angeschlossen* bin. Dadurch wird das Autofahren ein rein operationaler Vorgang. Die Geschwindigkeit ist ganz abgekoppelt vom Imaginären. Das Auto ist kein verlängerter Körper mehr, der mit Phantasmen von Macht, Besitz und Aneignung besetzt ist. Das selbstfahrende Auto ist kein Phallus. Ein Phallus, an den ich bloß angeschlossen bin, ist ein Widerspruch. Auch das Car-Sharing entzaubert, entsakralisiert das Auto. Es entzaubert auch den Körper. Für den Phallus gilt nicht das Sharing-Prinzip, denn er ist gerade das Symbol für Besitz, Eigentum und Macht schlechthin. Kategorien der Sharing-Ökonomie wie Anschluss oder Zugang zerstören das Phantasma der Macht und Aneignung. Im selbstfahrenden Auto bin ich kein Akteur, kein Demiurg, kein Dramaturg, sondern ein bloßes *Interface* im globalen Kommunikationsnetz.

Ästhetik des Glatten

Die Ästhetik des Schönen ist ein genuin neuzeitliches Phänomen. Erst in der Ästhetik der Neuzeit fallen das Schöne und das Erhabene auseinander. Das Schöne wird in seiner reinen Positivität isoliert. Das erstarkende Subjekt der Neuzeit positiviert das Schöne zu einem Gegenstand des Gefallens. Das Schöne wird dabei dem Erhabenen entgegengesetzt, das aufgrund seiner Negativität zunächst kein unmittelbares Wohlgefallen auslöst. Die Negativität des Erhabenen, die es vom Schönen unterscheidet, wird in dem Moment wieder positiviert, in dem es auf die menschliche Vernunft zurückgeführt wird. Es ist nicht das *Außen*, nicht das *ganz Andere* mehr, sondern eine *innere* Ausdrucksform des Subjekts.

Bei Pseudo-Longinos, der die Schrift *Über das Erhabene (peri hypsous)* verfasst hat, sind das Schöne und das Erhabene noch nicht unterschieden. So gehört zum Schönen auch die Negativität des Überwältigenden. Das Schöne geht weit über das Wohlgefallen hinaus. Schöne Frauen sind, so Pseudo-Longinos, »Schmerzen der Augen«. Sie sind also *schmerzend schön*. Erschütternde, erhabene Schönheiten sind kein Widerspruch. Die Negativität des Schmerzes vertieft die Schönheit. Hier ist das Schöne alles andere als glatt.

Auch bei Platon wird das Schöne nicht vom Erhabenen unterschieden. Das Schöne ist gerade in seiner Erhabenheit nicht zu übertreffen. Ihm wohnt jene Negativität inne, die charakteristisch ist für das Erhabene. Der Anblick des Schönen löst kein Wohlgefallen, sondern eine Erschütterung aus. Am Ende des Stufenweges des Schönen erb*lickt der Eingeweihte »plötzlich« das »wunderbar Schöne« (thaumaston kalon),*[18] das »göttlich Schöne« *(theion kalon).*[19] Der Schauende gerät außer Fassung, wird in Staunen und Schrecken versetzt *(ekplettontai).* Ein »Wahnsinn«[20] erfasst ihn. Platons Metaphysik des Schönen kontrastiert massiv mit der neuzeitlichen Ästhetik des Schönen als Ästhetik des Wohlgefallens, das das Subjekt in seiner Autonomie und Selbstgefälligkeit bestätigt, statt es zu erschüttern.

Die neuzeitliche Ästhetik des Schönen beginnt konsequenterweise mit der *Ästhetik des Glatten*. Schön ist für Edmund Burke vor allem das *Glatte*. Die Körper, die dem Tastsinn Vergnügen bereiten, sollten keinen *Widerstand* leisten. Sie müssen glatt sein. Das Glatte ist also eine *optimierte* Oberfläche *ohne Negativität*. Es verursacht eine Empfindung, die ganz frei von Schmerz und Widerstand ist: »Wenn *Glätte* offenbar eine Hauptursache des Vergnügens für Tastsinn, Geschmack, Geruch und Gehör ist, so wird man sie auch als eine der Grundlagen visueller Schönheit anerkennen, – besonders nachdem wir gezeigt haben, daß diese Qualität fast ohne Ausnahme an allen Körpern zu finden ist, die einhellig für schön gehalten werden. Es kann kein Zweifel daran bestehen, daß rauhe und eckige Körper die Gefühlsorgane reizen und stören, indem sie ein Schmerzgefühl verursachen, das in einer heftigen Spannung oder Zusammenziehung der Muskelfasern besteht.«[21]

Die Negativität des Schmerzes vermindert das Gefühl des Schönen. Selbst »Robustheit« und »Stärke« schmälern es. Schön sind Eigenschaften wie »Zartheit« und »Zierlichkeit«. Der Körper ist »zierlich«, wenn er aus »glatten Teilen« besteht, die »keine Rauheit aufweisen und das Auge nicht verwirren«.[22] Der schöne Körper, der Liebe und Zufriedenheit erweckt, lässt keinen Widerstand erwarten. Der Mund ist ein wenig geöffnet, der Atem geht langsam, der ganze Körper ist in Ruhe, und die Hände hängen nachlässig zur Seite herab. Und all dies ist, so Burke, »begleitet von einem inneren Gefühl der Rührung und der Schwäche«.[23]

Burke erhebt das Glatte zum Wesensmerkmal des Schönen. So sind an Bäumen und Blumen glatte Blätter, bei Tieren glattes Vogelgefieder oder glatter Tierpelz schön. Es ist vor allem die glatte Haut, die eine Frau schön macht. Jede Rauheit tut der Schönheit Abbruch: »Denn wenn man irgendein schönes Objekt nimmt und seine Oberfläche brüchig und rauh macht, so wird es nicht länger gefallen. Andererseits lasse man ein Objekt so viele andere Grundlagen der Schönheit verlieren, wie man mag: wenn es nur diese eine Qualität (die Glätte) behält, so wird es immer noch besser gefallen als fast alle anderen Objekte, die sie nicht haben.«[24]

Auch der scharfe Winkel ist dem Schönen abträglich: »Denn in der Tat widersprechen jede Rauheit, jeder plötzliche Vorsprung und jeder scharfe Winkel der Idee der Schönheit im höchsten Grade.«[25] Eine Änderung der Form ist wie jede Abwechslung zwar dem Schönen zuträglich, aber sie darf nicht abrupt und plötzlich erfolgen. Das Schöne lässt nur einen sanften Wechsel der Form zu: »Solche [winklige] Figuren, es ist wahr, ändern sich stark; aber sie ändern sich in plötzlicher und abrupter Weise; und ich kenne kein natürliches Objekt, das winklig und zu gleicher Zeit schön wäre.«[26]

Was den Geschmack angeht, entspricht das Süße dem Glatten: »Bei Geruch und Geschmack finden wir, daß auch alle Dinge, die für diese Sinne angenehm sind und im allgemeinen süß genannt werden, eine glatte Natur haben […].«[27] Das Glatte und das Süße sind gleichen Ursprungs. Sie sind Erscheinungen reiner Positivität. So erschöpfen sie sich im bloßen Gefallen.

Edmund Burke befreit das Schöne von jeder Negativität. Es muss ein ganz »positives Vergnügen«[28] bereiten. Dem Erhabenen wohnt dagegen eine Negativität inne. Das Schöne ist klein und zierlich, licht und zart. Glätte und Ebenheit zeichnen es aus. Das Erhabene ist groß, massiv, finster, rau und ungehobelt. Es verursacht Schmerz und Schrecken. Aber es ist insofern gesund, als es das Gemüt heftig bewegt, während das Schöne es erschlaffen lässt. Burke lässt die Negativität des Schmerzes und des Schreckens angesichts des Erhabenen wieder in die Positiviät umschlagen. Sie wirkt reinigend und belebend. So steht das Erhabene ganz im Dienst vom Subjekt. Es verliert dadurch seine *Andersheit* und *Fremdheit*. Es wird ganz vom Subjekt absorbiert: »Wenn in allen diesen Fällen Schmerz und Schrecken so gemäßigt sind, daß sie nicht unmittelbar schaden; wenn der Schmerz keine eigentliche Heftigkeit erreicht und der Schrecken nicht den unmittelbaren Untergang der Person vor Augen hat, – so sind diese Regungen, da sie gewisse Teile unseres Körpers – feine oder grobe –

von gefährlichen und beschwerlichen Störungen reinigen, fähig, Frohsein hervorzubringen: nicht Vergnügen, aber eine Art von frohem Schrecken, eine Art Ruhe mit einem Beigeschmack von Schrecken.«[29]

Kant isoliert wie Burke das Schöne in seiner Positivität. Es löst ein positives Wohlgefallen aus. Es geht aber über den kulinarischen Genuss hinaus, denn Kant schreibt es dem Erkenntnisvorgang ein. An der Herstellung der Erkenntnis sind sowohl die Einbildungskraft als auch der Verstand beteiligt. Die Einbildungskraft ist die Kraft der Zusammenfassung der mannigfaltigen Sinnesdaten, die durch die Anschauung gegeben sind, zu einem einheitlichen *Bild*. Der Verstand operiert um eine Abstraktionsstufe höher. Er fasst die Bilder zum *Begriff* zusammen. Angesichts des Schönen befinden sich die Erkenntniskräfte, nämlich Einbildungskraft und Verstand, in einem freien *Spiel*, in einem harmonischen Zusammenspiel. Beim Anblick des Schönen *spielen* die Erkenntniskräfte. Sie *arbeiten* noch nicht an der Herstellung der Erkenntnis. Gegenüber dem Schönen befinden sich die Erkenntniskräfte also in einem Spielmodus. Das freie Spiel ist allerdings nicht ganz frei, nicht zweckfrei, denn es ist ein *Vorspiel* zur Erkenntnis als *Arbeit*. Aber sie *spielen* noch. Die Schönheit setzt das *Spiel* voraus. Sie findet vor der *Arbeit* statt.

Das Schöne gefällt dem Subjekt, weil es das harmonische Zusammenspiel der Erkenntniskräfte anregt. Das Gefühl des Schönen ist nichts anderes als die »Lust an der Harmonie der Erkenntnisvermögen«, an der harmonischen »Stimmung der Erkenntniskräfte«, die wesentlich ist für die Erkenntnis-*Arbeit*. Das Spiel wird bei Kant letzten Endes der Arbeit, ja dem »Geschäft« untergeordnet. Das Schöne produziert zwar selbst keine Erkenntnis, aber es *unterhält* das Erkenntnisgetriebe. Das Subjekt gefällt *sich selbst* angesichts des Schönen. Das Schöne ist ein autoerotisches Gefühl. Es ist kein Objekt-, sondern ein Subjekt-Gefühl. Das Schöne ist nicht das *Andere*, von dem sich das Subjekt hinreißen ließe. Das Wohlgefallen am Schönen ist das Wohlgefallen des Subjekts an sich selbst. In seiner Ästhetischen Theorie hebt Adorno gerade diesen autoerotischen Zug der Kantischen Ästhetik des Schönen hervor: »Das Formale, subjektiven Gesetzmäßigkeiten ohne Rücksicht auf ihr Anderes gehorsam, behält, von keinem solchen Anderen erschüttert, sein Wohlgefälliges: Subjektivität genießt darin unbewußt sich selbst, das Gefühl ihrer Herrschaft.«[30]

Im Gegensatz zum Schönen bringt das Erhabene kein unmittelbares Wohlgefallen hervor. Die erste Empfindung angesichts des Erhabenen ist wie bei Burke Schmerz oder Unlust. Es ist zu gewaltig, zu groß für die Einbildungskraft. Sie kann es nicht fassen, nicht zusammenfassen zu einem Bild. So wird das Subjekt von ihm erschüttert und überwältigt. Darin besteht die Negativität des Erhabenen. Beim Anblick gewaltiger Naturerscheinungen fühlt sich das Subjekt zunächst ohnmächtig. Aber es fängt sich wieder, und zwar kraft jener »Selbsterhaltung von ganz anderer Art«. Es rettet sich in die Innerlichkeit der Vernunft, gegenüber deren Idee der Unendlichkeit »alles in der Natur klein« ist.

Selbst gewaltige Erscheinungen der Natur erschüttern das Subjekt nicht. Die Vernunft ist über sie erhaben. Die Todesfurcht, die »Hemmung der Lebenskräfte« angesichts des Erhabenen, ist nur von kurzer Dauer. Der Rückzug in die Innerlichkeit der Vernunft, in deren Ideen, lässt sie wieder ins Gefühl der Lust umschlagen: »So kann der weite, durch Stürme empörte Ocean nicht erhaben genannt werden. Sein Anblick ist gräßlich; und man muß das Gemüt schon mit mancherlei Ideen angefüllt haben, wenn es durch eine solche Anschauung zu einem Gefühl gestimmt werden soll, welches selbst erhaben ist, indem das Gemüt die Sinnlichkeit zu verlassen und sich mit Ideen, die höhere Zweckmäßigkeit enthalten, zu beschäftigen angereizt wird.«[31]

Angesichts des Erhabenen fühlt sich das Subjekt *erhaben* über die Natur, denn eigentlich erhaben ist die Idee der Unendlichkeit, die der Vernunft innewohnt. Diese Erhabenheit wird fälschlicherweise auf das Objekt, in diesem Fall auf die Natur, projiziert. Kant nennt diese Verwechslung »Subreption«. Das Erhabene ist wie das Schöne kein Objekt-, sondern ein Subjekt-Gefühl, ein autoerotisches Selbst-Gefühl.

Das Wohlgefallen am Erhabenen ist »negativ«, während »das am Schönen positiv ist«. Das Gefallen am Schönen ist deshalb positiv, weil es dem Subjekt unmittelbar gefällt. Angesichts des Erhabenen empfindet das Subjekt zunächst eine Unlust. Daher ist das Wohlgefallen am Erhabenen negativ. Die Negativität des Erhabenen besteht nicht darin, dass das Subjekt angesichts des Erhabenen mit dem *Anderen seiner selbst* konfrontiert wird, dass es *aus sich selbst herausgerissen* wird auf den *Anderen* hin, dass es *außer sich* gerät. Auch dem Erhabenen wohnt keine Negativität des *Anderen* inne, die die Autoerotik des Subjekts durchkreuzen würde. Weder angesichts des Schönen noch angesichts des Erhabenen gerät das Subjekt *außer sich*. Es bleibt permanent *bei sich selbst*. Das *ganz Andere*, das sich dem Erhabenen entzöge, wäre für Kant grässlich, monströs oder abgründig. Es wäre ein Desaster, das keinen Platz fände in der Kantischen Ästhetik.

Weder das Schöne noch das Erhabene stellen das *Andere* des Subjekts dar. Sie werden vielmehr von der Innerlichkeit des Subjekts absorbiert. Eine *andere Schönheit*, ja eine *Schönheit des Anderen* wird nur dann zurückzugewinnen sein, wenn ihr wieder ein Raum *jenseits der autoerotischen Subjektivität* gewährt wird. Nicht hilfreich ist aber der Versuch, das Schöne als Keim der Konsumkultur unter Generalverdacht zu stellen und das Erhabene in postmoderner Manier gegen das Schöne auszuspielen.[32] Das Schöne und das Erhabene sind gleichen Ursprungs. Statt das Erhabene dem Schönen entgegenzusetzen, gilt es, dem Schönen die nicht zu verinnerlichende, *entsubjektivierende* Erhabenheit zurückzugeben, die Trennung von Schönem und Erhabenem wieder rückgängig zu machen.

Anmerkungen

1 G. W. F. Hegel, Vorlesungen über die Ästhetik 1, in: ders., Werke in zwanzig Bänden, E. Moldenhauer (Hg.) u. a., Frankfurt am Main 1970, Bd. 13, S. 61.

2 Ebd.

3 Roland Barthes, Mythen des Alltags, Frankfurt am Main 2010, S. 196 f. Hervorhebung von B. Han.

4 Ebd., S. 198.

5 Christian Gampert, Deutschlandfunk, Kultur heute, Beitrag vom 14. 5. 2012.

6 Jeff Koons über Vertrauen, Süddeutsche Zeitung vom 17. 5. 2010.

7 Hans-Georg Gadamer, Aktualität des Schönen. Kunst als Spiel, Symbol und Fest, in: ders., Gesammelte Werke, Ästhetik und Poetik I: Kunst als Aussage, Bd. 8, Tübingen 1993, S. 94 –142, hier: S. 125.

8 Vgl. Wolfgang Welsch, Ästhetisches Denken, Stuttgart 2010, S. 9 ff. Welsch versteht die Anästhesierung oder die Anästhetik nicht im Sinne der Anästhesie, sondern der Nicht-Ästhetik, der er positive Aspekte abzugewinnen versucht.

9 Roland Barthes, Die Lust am Text, Frankfurt am Main 1982, S. 16 f.

10 Jean Baudrillard, Das Andere selbst, Wien 1994, S. 27.

11 Georges Bataille, Die Erotik, München 1994, S. 140 f.

12 Winfried Menninghaus, Ekel. Theorie und Geschichte einer starken Empfindung, Frankfurt am Main 1999, S. 7.

13 Karl Rosenkranz, Ästhetik des Häßlichen, Darmstadt 1979, S. 312 f.

14 Robert Pfaller, Das schmutzige Heilige und die reine Vernunft. Symptome der Gegenwartskultur, Frankfurt am Main 2008, S. 11.

15 Jean Baudrillard, Das Andere selbst, Wien 1987, S. 35.

16 Walter Benjamin, Das Kunstwerk im Zeitalter seiner technischen Reproduzierbarkeit, Frankfurt am Main 1963, S. 36.

17 Barthes, Die helle Kammer, Frankfurt am Main 1989, S. 124.

18 Platon, Gastmahl, 210e.

19 Ebd., 211e.

20 Platon, Phaidros, 244a.

21 Edmund Burke, Philosophische Untersuchung über den Ursprung unserer Ideen vom Erhabenen und Schönen, Hamburg 1989, S. 193 f.

22 Ebd., S. 160.

23 Ebd., S. 192.

24 Ebd., S. 154.

25 Ebd.

26 Ebd., S. 155 f.

27 Ebd., S. 194.

28 Ebd., S. 67.

29 Ebd., S. 176.

30 Theodor W. Adorno, Ästhetische Theorie, Gesammelte Schriften, R. Tiedemann (Hg.), Bd. 7, Frankfurt am Main 1970, S. 77.

31 Immanuel Kant, Kritik der Urteilskraft, in: ders., Werke in zehn Bänden, W. Weischedel (Hg.), Darmstadt 1957, S. 330.

32 Zum Beispiel: Wolfgang Welsch, Ästhetisches Denken, Stuttgart 2003.

STEFAN KLEIN

»Durch die Augen einer Blinden«

Wie die Bilder der Nacht in den Kopf kommen

Träume, die uns Gefühle
bescheren, die man im
Leben nicht fühlt.

Fernando Pessoa

Einmal habe sie im Traum eine Perle betrachtet, erinnert sich die amerikanische Schriftstellerin Helen Keller:

> »Es war ein glatter, edel geformter Kristall, und als ich in seine schimmernde Tiefe blickte, erfüllten mich eine sanfte Ekstase und Staunen, wie jemanden, der zum ersten Mal in das kühle, süße Herz einer Rose schaut. Meine Perle war Tau und Feuer, das Samtgrün von Moos, das weiche Weiß der Lilien, die Nuancen und die Süße Tausender Rosen …«

Bei aller Poesie klingen die Zeilen doch ein wenig irritierend: Warum löst eine schlichte Perle so überschwängliche Gefühle aus? Wie erklären sich die ungewöhnlichen Vergleiche mit einem Kristall und einer Rose? Und welche Perle wäre je moosgrün gewesen? Die Antwort ist, dass die Autorin nie eine echte Perle gesehen hat. Denn Helen Keller war blind. Im Alter von 19 Monaten hatte sie eine schwere Infektion erlitten, vermutlich eine Hirnhautentzündung. Die Krankheit zerstörte nicht nur ihr Augenlicht restlos, sondern beraubte die kleine Helen obendrein ihres Gehörs.

Doch obwohl die Außenwelt fortan in Dunkelheit und Stille versinkt, bleiben ihre Träume ihr Leben lang erfüllt von Farben, Bildern und Klängen. All die Erfahrungen, die ihr im wirklichen Leben versagt sind, beschert ihr der Schlaf. Als setze sich ihr Innenleben über die zerstörten Sinne einfach hinweg, hört sie im Traum Wasser rauschen und menschliche Stimmen. »Und oft besucht mich ein wunderbares Licht in der Nacht … Dann schaue und schaue ich, bis es verschwindet.«

Speisen sich diese sinnlichen Träume aus Erinnerungen an ihre ersten Lebensmonate? Ist das herrliche Licht ein Widerschein aus jener Zeit, als sie noch sah? In ihrem 1902 erschienenen Lebensbericht fragt sich Helen Keller selbst, ob ihr Geist nicht »durch den Schleier des Schlafes« Funken aus ihren ersten Lebensmonaten erblicke. Schließlich können wir uns selbst im Traum nichts vorstellen, das in der Wirklichkeit keinerlei Entsprechung hat: »Geister ähneln immer jemandem.«

Doch würden die geträumten Bilder und Klänge nur aus der Erinnerung stammen, müsste Keller nachts immer wieder dieselben Szenen aus dem Alltag eines Kleinkinds erfahren. Tatsächlich aber mischt sie sich im Traum in das Gedränge auf der Straße und in Kneipen. Sie erlebt Verfolgungsjagden und verzweifelte Kämpfe. Sie, die sich am Tage vorsichtig durch das Leben tasten muss, klettert im Traum, jagt und wird selbst verfolgt. Sie kämpft bis auf den letzten Tropfen Blut, klettert und schwebt über den Wolken, ist in ständiger Bewegung. Selbst durch dichtes Gedränge schreitet sie, ohne dass jemand sie führt. Alles erscheint ihr selbstverständlich, nie beschleicht sie ein Zweifel.

Nur selten erinnert ein Traum sie an ihre Behinderung. Einmal sucht sie ein Buch aus ihrem Bücherregal, macht es sich in einem Sessel bequem und versucht zu lesen. Doch die Seiten sind blank. Keller ist so sehr daran gewöhnt, in ihren Träumen zu sehen, dass sie schmerzhafte Enttäuschung empfindet. Sie versucht die Buchstaben zu tasten, als wäre es Blindenschrift, doch umsonst. Tränen fallen ihr auf die Hand.

***

Die erste Zeit nach ihrer Erkrankung verbrachte Helen Keller in völliger Isolation. Zwar beherrschte sie eine Reihe von Gebärden, doch wurde sie oft nicht verstanden, ihre Frustration darüber führte häufig zu unkontrollierten Wutausbrüchen. Erst als sie sieben Jahre alt war, gelang es einer speziell geschulten Lehrerin, mit ihr Kontakt aufzunehmen. Anne Sullivan zeichnete Helen Buchstaben auf die eine Handfläche und gab ihr den entsprechenden Gegenstand zum Betasten in die freie Hand. Zunächst wusste das Mädchen nichts mit den Zeichen anzufangen. Doch eines Tages, als ein Wasserstrahl über die eine Hand lief und sie die Buchstaben »W-A-T-E-R« auf der anderen Hand spürte, begriff sie schlagartig: Jedes Ding hat einen Namen. Und mit den Zeichen konnte sie allem, was sie erlebte, Ausdruck verleihen.

Mit unstillbarer Wissbegierde machte sich Keller nun daran, die Namen aller Dinge zu erfahren und die Welt für sich zu entdecken. Sie ging zur Schule, erreichte einen Studienabschluss und veröffentlichte mit 22 Jahren ihr erstes Buch. Anne Sullivan blieb ihre engste Gefährtin, als Keller längst eine erfolgreiche Schriftstellerin war, befreundet mit Persönlichkeiten wie Mark Twain und Charlie Chaplin. Ihre Energie schien unbegrenzt: Neben dem Schreiben und ihren Reisen in 40 Länder engagierte sich Keller politisch. Sie setzte sich in der Sozialistischen Partei für die Rechte der amerikanischen Arbeiter ein und kämpfte dafür, die Lebenschancen Behinderter zu verbessern. Um sich direkter mit Menschen verständigen zu können, lernte sie sogar sprechen. Hochgeehrt starb Helen Keller 1968 im Alter von 88 Jahren.

Ihre Lebensgeschichte zeigt, zu welch unfassbaren Leistungen der menschliche Geist imstande ist, welche Widrigkeiten er zu überwinden vermag. Und sie wirft Fragen auf, wie dieser Geist eigentlich funktioniert: Woher kommen unsere Träume, überhaupt all unsere inneren Bilder und Vorstellungen? Verdanken wir alles, was wir sehen, allein unseren Sinnen? Dann wäre das Gehirn nur eine Art Album, das festhält, was die Sinnesorgane ihm zutragen. Diese Vermutung klingt zwar plausibel. Doch wie hätte Helen Keller unter diesen Bedingungen eine Perle im Traum sehen können?

Oder sind Bilder zumindest in einer Rohform schon im Menschen angelegt, bevor er überhaupt die Augen öffnet? In diesem Fall besäße unser Geist eine vorgefertigte Idee von der Welt, ein angeborenes Schema, in das wir unsere Erfahrungen einordnen. Selbst wer blind geboren ist, könnte dann eine angeborene Ahnung von Licht, Gestalten, Farben haben. Und Träume riefen lediglich ab, was wir immer schon wussten.

Der Streit über diese Fragen ist so alt wie die Geschichte des westlichen Denkens. In seinem Kern dreht er sich darum, was wir als wirklich empfinden. Schon vor mehr als 2500 Jahren nahmen die beiden großen Pioniere der europäischen Philosophie entgegengesetzte Standpunkte ein. Aristoteles behauptete, alle Erfahrung gehe von der Sinneswahrnehmung aus. Sein Lehrer Platon erklärte dagegen, die Wirklichkeit liege hinter dem, was wir mit Augen und Ohren aufnehmen. Nur dem Geist sei sie zugänglich. Wenn wir sehen und hören, erkennen wir Platon zufolge diese höhere Wirklichkeit wieder. In unserem Verstand seien seit jeher nicht nur die Idealbilder von Licht oder der geometrischen Körper, sondern sogar von

Konzepten wie der Schönheit verankert. Einem Platoniker fällt es leicht zu erklären, warum die Mona Lisa oder eine bezaubernde Landschaft so gut wie jeden Menschen anrührt: In ihnen begegnet uns eine Verkörperung der Idee »Schönheit«.

Welcher Denker recht hat, lässt sich im Wachzustand kaum entscheiden, denn dann verfügen wir in aller Regel über beides, Sinneswahrnehmung und Verstand. Wir können unmöglich beurteilen, was davon mit welchem Anteil zum inneren Erleben beiträgt. Im Schlaf hingegen bekommen wir von der Außenwelt so gut wie nichts mehr mit. Was wir im Traum sehen oder hören, entspringt also offenkundig uns selbst. Allerdings könnte es sich um bloße Erinnerungen handeln. Über den Umweg des Gedächtnisses wären in diesem Fall wiederum die Sinne Quell aller Erfahrung, Träume nichts als ein Widerschein früherer Erlebnisse. Kellers Erfahrungsberichte sprechen freilich gegen diese Deutung. Wenn sie, die als Kleinkind erblindete, in ihren Träumen wirklich gesehen hat, was sie beschreibt, müssen Bilder ohne Zutun der Augen in uns entstehen können.

***

Forscher vertrauen auf ihre Messungen und Daten, sie sind Aristoteliker. Kein Wunder also, dass die Wissenschaft Helen Keller lange nicht ernst nahm. Die meisten Experten bezweifelten nicht nur, dass Blinde im Traum Bilder sehen können, sondern bestritten, dass diese überhaupt träumen.

Denn was macht Träume aus, wenn nicht ihre Bilder? Die Studien im Schlaflabor lassen keinen Zweifel daran, dass wir in fast jedem Traum etwas sehen. Und weil Teile der Sehrinde des Gehirns im Schlaf sogar stärker aktiv sind, als wenn wir wachen, strahlen die Farben der nächtlichen Bilder oft intensiver als die Dinge bei Tageslicht, und Konturen erscheinen übernatürlich scharf; treffend sprach Jorge Luis Borges von einem »wundersamen Glanz«, der Traumszenen umhülle. Aber diese besondere Sinnlichkeit zeichnet nur die Bilder aus. Charles Baudelaire dichtete erschrocken:

Über diese bewegten Wunder
senkte sich – furchtbare Entdeckung:
Alles für's Auge, nichts für die Ohren –
ein ewiges Schweigen!

Tatsächlich hören wir nicht einmal in jedem zweiten Traum etwas, und dass sich der Körper bewegt oder berührt wird, spüren wir nur in jedem dritten. Vom Schmecken oder Riechen berichten Versuchspersonen in nicht einmal einem Prozent der Fälle, von Körperschmerzen noch seltener.

So kamen Wissenschaftler seinerzeit zu durchaus nachvollziehbaren Schlüssen: Wenn das Auge keine Bilder liefert, bleibt vom Traum nicht viel übrig. Richtig träumen könnten Blinde folglich nur, wenn sie nach ihrem fünften Lebensjahr erkrankten und ihr Gedächtnis zuvor ausreichend viele Bilder abspeichern konnte. Ein seit frühester Kindheit sowohl blinder als auch gehörloser Mensch wie Helen Keller hingegen müsse im Schlaf eine Welt ohne Raum, ohne Farben, ohne Formen und ohne Töne erfahren, die Leere eines körperlosen Geistes verspüren. Alles andere sei Einbildung.

Doch im Jahr 2003 lieferten Helder Bértolo und Teresa Paiva einen mehr als überraschenden Gegenbeweis. Die beiden portugiesischen Schlafmediziner weckten zehn blind geborene Frauen und Männer in ihrem Labor wiederholt auf und fragten, was die Probanden erlebt hätten. Fast immer beschrieben die Blinden Bilder. Insgesamt berichteten sie genauso häufig von visuellen Träumen wie Versuchspersonen ohne Behinderung. Bértolo und Paiva legten die Protokolle unabhängigen Gutachtern vor, die nicht wussten, wer die

Beschreibungen verfasst hatte. Die Experten waren außerstande, die Berichte blinden oder sehenden Menschen zuzuordnen.

Mit diesem Vorgehen vermieden Bértolo und Paiva die Fehler früherer Untersuchungen. Wer nämlich Blinde erst am Morgen interviewt und fragt, ob sie im Traum etwas gesehen hätten, bekommt fast immer eine negative Antwort. Denn wer blind geboren wurde, kann sich kaum vorstellen, dass er im Schlaf Bilder sieht. Daher verschwinden diese Eindrücke im Nachhinein aus dem Gedächtnis – ähnlich wie Menschen, die mit Schwarzweißfilmen groß wurden, die Erinnerung an Farben im Traum tilgen. Ein Proband gestand Bértolo, dass ihm sehr wohl bewusst war, im Schlaf zu sehen. Doch niemand hatte ihm je geglaubt, wenn er davon erzählte. So behielt er seine Erfahrungen lieber für sich.

Bértolo und Paiva fanden sogar überzeugende Belege dafür, dass ihre blind geborenen Versuchspersonen keiner Selbsttäuschung unterlagen: Sowohl bei blinden als auch bei sehenden Probanden deuteten die Hirnströme darauf hin, dass die Schlafenden in Bildern träumten.

Und schließlich vermochten die Blinden sogar den Inhalt ihrer Träume zu zeichnen! Sie brachten, wenngleich etwas desorientiert, Gegenstände, Landschaften und menschliche Figuren zu Papier. Wiederum konnten die Gutachter nicht eindeutig sagen, ob eine bestimmte Zeichnung von einem Menschen mit oder ohne Augenlicht stammte. Nur minimale Unterschiede ließen sich feststellen: Die Blinden zeichneten ihre Figuren etwas häufiger auf die linke Blatthälfte und stellten sie öfter mit Ohren dar – vielleicht, weil diese Sinnesorgane eine so wichtige Rolle für sie spielen.

Aber wie waren diese erstaunlich detaillierten Vorstellungen entstanden? Ein Proband skizzierte sogar eine Palmeninsel samt Segelboot und strahlender Sonne. Diese Bilder

»DURCH DIE AUGEN EINER BLINDEN«   185

Der Traum eines Blinden. Die portugiesischen Mediziner Helder Bértolo und Teresa Paiva weckten blind geborene Menschen aus ihren Träumen und baten sie, ihre Erlebnisse zu zeichnen. Die Darstellungen waren von den Traumzeichnungen sehender Versuchspersonen kaum zu unterscheiden.

konnten sich nicht aus der Erinnerung speisen; schließlich kamen diese Menschen blind auf die Welt. Die Sonne oder eine Palme haben sie nie gesehen.

***

Zu klären ist daher, wie Bilder überhaupt in unsere Köpfe geraten. Wenn Sie aus dem Fenster blicken, sehen Sie Häuser, Menschen, Bäume, darüber den Himmel. Wie kommt es dazu?

Selbstverständlich nehmen Sie an, dass Sie die Wahrnehmung Ihren Augen verdanken. Und tatsächlich trifft in jeder Sekunde die kaum vorstellbare Informationsmenge von 10 Milliarden Bit auf Ihren Netzhäuten ein – fünfzigmal mehr Daten, als Ihr Computer über den derzeit schnellsten Internetanschluss bekommt. Und doch ist es nicht diese Datenflut, die Ihr Erleben hervorruft. Denn in das Bewusstsein gelangt nur ein winziger Teil dieser Informationen – ungefähr 100 Bit pro Sekunde. Das ist gerade ein Zehnmillionstel dessen, was Ihre Augen sehen. Und dieser kümmerliche Rest reicht nicht aus, um eine Vorstellung davon zu erzeugen, was gerade in Ihrer Umgebung geschieht.

Offenbar löscht das Gehirn erst den größten Teil des Bildes, um sich dann aus anderen Quellen ein neues zu schaffen. Fast 40 Prozent des Großhirns befassen sich denn auch mit dem Verarbeiten visueller Informationen. Das Sehsystem des Großhirns besteht im Wesentlichen aus zwei großen Teilen, der primären Sehrinde und den Assoziationsfeldern. Die primäre Sehrinde, unter der Ausbeulung des Hinterkopfes oberhalb des Nackens gelegen, nimmt die Signale von den Augen in Empfang, filtert sie und analysiert, ob sich die Formen und Farben auf der Netzhaut verändert haben.

Mit dieser Information allein könnten wir allerdings wenig anfangen. Besäßen wir nur die primäre Sehrinde, wäre die Welt für uns ein Chaos. Beispielsweise bewegen wir ständig unbewusst die Pupillen, um die Umgebung abzutasten; so erzeugt das Auge in jeder Sekunde bis zu 100 verschiedene und noch dazu meist unscharfe Bilder. Auch gäbe es keine beständigen Farben. Ein weißes Hemd erschiene unter einem Baum grün, bei Sonnenuntergang rot. Denn mit dem Licht, das auf die Dinge fällt, ändern sich auch ihre Farben. Ohnehin wären wir unfähig, irgendeinen Gegenstand zu identifizieren. Denn die primäre Sehrinde erkennt zwar Kanten und Flächen, gibt uns aber nicht den geringsten Hinweis darauf, wie diese zusammengehören. Etwa hilft sie Ihnen nicht zu unterscheiden, ob die mit Fältchen übersäte Oberfläche vor Ihren Augen noch ein Teil des Buches ist oder schon Ihre Hand, die danach greift.

»DURCH DIE AUGEN EINER BLINDEN«   187

Die primäre Sehrinde leistet also nur Vorarbeit. Sie leitet ihre Daten an weitaus größere Hirnareale, die sogenannten Assoziationsfelder, weiter. Erst hier entsteht, was wir als Bild erleben. Wohlgemerkt haben die Assoziationsfelder gar keinen direkten Kontakt zu den Augen, sondern werten nur die Signale der primären Sehrinde aus.

Lange dachte man, dass Bilder entstehen, indem die Assoziationsfelder die Rohinformation aus der primären Sehrinde geschickt zusammensetzen – wie ein Maler, der Linie für Linie, Fläche für Fläche, Farbe für Farbe sein Kunstwerk aufbaut. Doch wie wir heute wissen, ist das falsch: Die Bilder sind schon da. Die Assoziationsfelder arbeiten nicht wie ein Maler, sondern eher wie ein Collagekünstler, der vorhandenes Material sichtet, passendes auswählt, es neu zusammenstellt und abwandelt. Die Abbildung auf Seite 189 zeigt nur unregelmäßige schwarze und weiße Flächen, und ohne Vorkenntnis sehen Sie auch nichts anderes darauf. Sobald Sie aber wissen, dass sich die Flecken im Zentrum des Bildes zu einem schnüffelnden Dalmatiner ergänzen, erkennen Sie das Tier. Jedes Mal, wenn Sie das Bild betrachten, rufen Sie nun unwillkürlich die Gestalt eines Hundes aus Ihrem Gedächtnis ab.

Wir sehen die Dinge also nicht so, wie sie sind, sondern wie wir sie kennen. Jeder Brillenträger weiß, was geschieht, wenn er sich seinen Freunden zum ersten Mal mit einem neuen Gestell zeigt: Nichts. Obwohl mitten in seinem Gesicht, unübersehbar, statt einer fragilen Metallfassung eine markante Hornbrille thront, reagiert niemand darauf. Fragt man seine Nächsten, wie ihnen die neue Brille gefällt, reagieren sie erstaunt: »Habe ich gar nicht bemerkt.« Und so ist es auch: Mit den Augen sahen sie zwar das neue Gestell, doch die neue Information kam im Bewusstsein nicht an.

Sie können sich nicht vorstellen, sich so zu täuschen? Be-

Sehen beruht auf Vorwissen. Nur wer mit dem Anblick eines Dalmatiners vertraut ist, kann die Figur auf dieser Graphik erkennen. Wir sehen, indem wir die Information aus dem Auge mit Bildern aus dem Gedächtnis abgleichen.

trachten Sie das linke Foto auf der folgenden Seite, zählen Sie bis zehn und schließen dann fünf Sekunden lang die Augen. Nun sehen Sie sich das rechte Bild an. Bemerken Sie einen Unterschied? Im Internet können Sie einen ähnlichen Test mit einem kurzen Film machen[1]. Sie werden feststellen, dass Ihnen

»DURCH DIE AUGEN EINER BLINDEN« 189

Fixieren Sie für ungefähr zehn Sekunden das linke Bild. Schließen Sie fünf Sekunden lang die Augen, blicken Sie dann auf das rechte Bild. Sehen Sie einen Unterschied?

gewaltige Veränderungen entgehen. Möbel in einem Zimmer werden gegen andere ausgetauscht, neue Personen erscheinen, die Beleuchtung wechselt: Solange Sie Ihre Aufmerksamkeit nicht auf die Unterschiede richten, fallen sie Ihnen nicht auf. »Veränderungsblindheit« heißt dieses Phänomen: Statt des neuen Bildes, das Ihre Augen liefern, sehen Sie die alte Version aus Ihrem Gedächtnis. »Die Augen sind nur der Auslöser, der Geist sieht«, schreibt der Neurowissenschaftler Giulio Tononi.

Ähnliches geschieht, wenn wir träumen. Im Schlaf stellen nicht bloß die Augen, sondern auch die primäre Sehrinde den Betrieb ein. Die Assoziationsfelder allerdings, die Collagen montieren und die Wirklichkeit so oft unbekümmert ignorieren, arbeiten weiter. Deshalb glauben wir im Traum zu sehen; in Wirklichkeit erinnern wir uns.

Was aber geschieht, wenn die Erinnerung an Bilder fehlt? Bei vielen Blinden sind nur die Augen oder die primäre Sehrinde beschädigt, während die Assoziationsfelder funktionieren. Sie können deshalb visuelle und auch räumliche Vorstellungen haben. Weil sich die Imagination aber erstaunlich weit von der Wahrnehmung abkoppeln kann, funktioniert sie selbst dann, wenn ein Mensch niemals mit seinen Augen gesehen hat.

Denn die Assoziationsfelder stützen sich auf mehrere Informationsquellen, um ein inneres Bild zu erzeugen – die gegenwärtige Wahrnehmung und die visuelle Erinnerung, aber auch all unsere sonstigen Kenntnisse der Welt. Was Sie in diesem Augenblick sehen, konstruiert das Gehirn erstens aus dem Lichtspiel auf Ihrer Netzhaut, zweitens aus dem, was Sie früher sahen, und drittens aus Ihrem Wissen. Fallen wie bei den Blinden die Wahrnehmung und die visuelle Erinnerung aus, kann auch allein aus dem Wissen eine Vorstellung entstehen.

Was diese Blinden ertastet haben oder was andere ihnen schilderten, übersetzen also ihre Assoziationsfelder in eine Art innerer Bilder. Ein blind geborener Mann hat diesen Vorgang amerikanischen Traumforschern beschrieben. In einem seiner Träume verwandelt er Tasterfahrungen in das Bild eines Geldautomaten:

»Ich stelle mir die Oberfläche mit den Knöpfen vor. Vielleicht weil ich sie mir in meinem Geist ausmale, kann ich sie nicht wirklich mit den Augen sehen. Aber ich habe sie berührt, darum weiß ich, wie die Tastatur aussieht. Nun kann ich mich daran erinnern, wo die Knöpfe sind, ohne sie auf der Tastatur zu erfühlen.«

Wenn Sie philosophisch gebildet sind, denken Sie bei diesen Worten vielleicht an Immanuel Kant. Der große Denker aus Königsberg suchte einen Kompromiss zwischen den beiden Extrempositionen, nach denen wir unseren Sinnen entweder alle oder gar keine Erkenntnis verdanken. Einerseits, erklärte Kant, müsse das Wissen über die Welt in den Kopf kommen, und das könne es nur über die Sinne. Doch damit Ordnung unter den Eindrücken entsteht, brauche die Sinneserfahrung einen Rahmen, und diesen kann sie nicht selbst erzeugen. Darum müssten uns bestimmte Wahrnehmungsmuster angeboren sein. Und diese Muster wirken selbst dann, wenn ein Sinneskanal ausfällt. Zu solchen »Formen der Anschauung«, wie Kant sie nannte, zählte er Raum und Zeit. In diese Formen pressen wir jede Erfahrung; wir sehen die Welt nicht so, wie sie ist, sondern wie wir sie sehen können.

Demnach musste sich der blinde Träumer von der Tastatur des Geldautomaten, die er nur mit seinen Händen erfühlt hatte, zwangsläufig eine Vorstellung schaffen, in der es links und rechts, oben und unten gibt – ein inneres Bild. Natürlich vermag niemand zu sagen, inwieweit seine Vorstellung von der Tastatur einem Bild gleicht, welches ein Mensch mit intakten Augen hätte.

Allerdings spricht manches dafür, dass Blinde keineswegs nur in einem übertragenen Sinn von Traumbildern sprechen. Ohne visuelle Vorstellungen, also innere Bilder, könnten sie ihre Träume schließlich kaum zeichnen. Und nicht nur Blinde machen offenbar im Schlaf Erfahrungen, die ihre Sinne ihnen tagsüber verwehren. Helen Keller, die zugleich taub war, nahm im Traum ja auch Geräusche wahr. Andere Gehörlose berichten von der gleichen Erfahrung. Die Frankfurter Psychologin Ursula Voss hat Träume von Menschen gesammelt, die ohne Gehör auf die Welt kamen. In genau

49 Prozent dieser Berichte – und damit genauso häufig wie bei nicht hörbehinderten Menschen – ist von Tönen die Rede. Den Gehörlosen kam es so vor, als hätten sie im Schlaf Stimmen auf Deutsch und in anderen Sprachen gehört, Musik, oder auch einen Knall. Und in 43 Prozent der Träume sprachen sie selbst. Eine Probandin meinte sich sogar daran zu erinnern, wie sie im Chor sang. Dabei waren sich die schlafenden Gehörlosen ihrer Behinderung durchaus bewusst. Die folgende Traumszene aus Voss' Sammlung spielt auf der Sitzung eines Gehörlosenvereins:

>Der 1. Vorsitzende geht in den Keller und telefoniert. Er sagt, ich solle das Fahrrad herunterbringen. Ich frage, warum und wie kannst du telefonieren? Er sagt, er verstehe nicht viel, aber ein bisschen. Ich schaue ungläubig und frage noch einmal. Er hat das Fahrradgeschäft angerufen, um ein Rad zu kaufen.«

Die Perle, von der sie einst träumte, habe sie davon überzeugt, dass sich der Geist seine eigene Welt erschaffe, schreibt Helen Keller. Vorstellungen bildeten sich aus »Erfahrungen und Andeutungen«, die uns die Außenwelt gebe, könnten sich aber von der Sinneswahrnehmung lösen: »Ich sehe, aber nicht mit den Augen. Ich höre, aber nicht mit den Ohren. Ich spreche, und andere sprechen mit mir, doch ohne Stimme.« In diesem Kosmos stünden dem Menschen Erlebnisse offen, die ungleich schöner seien als alle, die ihm die Sinne verschafften: »Der Glanz des Sonnenuntergangs, den meine Freunde betrachten, ist wunderbar; doch der Sonnenuntergang der inneren Visionen bringt reine Freude, weil er die wunderbare Verschmelzung all der Schönheit ist, die wir kennen und uns ersehnen.«
Lange Zeit lebte Helen Keller ausschließlich in dieser geis-

tigen Welt. Ohne Bilder und Töne von außen erschien ihr jede Tageszeit gleich – wie eine stille Nacht, in der sie innere Erlebnisse hatte. »Nur dadurch, dass ich abends zu Bett ging und am Morgen aufstand, nahm ich überhaupt einen Unterschied zwischen dem Traumland und der Wirklichkeit wahr. Ob ich wachte oder schlief, spürte ich allein mit dem Körper.« Dass sich Innenwelt und Außenwelt unterscheiden, merkte sie erst, als es ihr gelang, den Panzer des Schweigens zu brechen: Die Botschaften, die sie mit ihrer Lehrerin durch Buchstabenzeichnen auf den Handflächen austauschte, offenbarten ihr die Grenze zwischen Träumen und Wachen. Und doch blieb Keller ihr Leben lang überzeugt, dass zwischen beiden eine untrennbare Verbindung besteht. Diese Verknüpfung nahm sie deutlicher wahr als die meisten ihrer Mitmenschen, weil ihr die äußere Wirklichkeit nicht selbstverständlich war.

Diese Sichtweise hat Konsequenzen. Schließlich glauben wir, dass sich Vorstellungen grundsätzlich von Wahrnehmungen unterscheiden: Die einen entstehen in unseren Köpfen, während wir die anderen für Abbilder der Außenwelt halten. Darum erscheinen uns Träume unwirklich; das, was wir sehen und hören, akzeptieren wir als real.

Helen Keller hingegen hat erkannt, dass ihr Wissen über die äußere Wirklichkeit ebenfalls eine Vorstellung ist. Das Bild, das sie sich von einem Baum macht, dessen Rinde sie gerade ertastet, ist genauso wirklich oder unwirklich wie eine Eiche im Traum. Beide hat ihr Gehirn aus dem konstruiert, was es über Bäume weiß.

Doch bei Menschen, die über ihr volles Augenlicht verfügen, verhält es sich nicht anders. »Unsere Wahrnehmung der Welt ist eine Fantasie, die mit der Wirklichkeit zusammenfällt«, schreibt der britische Kognitionspsychologe Chris Frith. Weil diese Vorstellung bei Menschen mit intakten Sinnen unmittelbarer zustande kommt als bei Blinden, wird man sich ihrer selten bewusst. Helen Keller muss den Umweg über das Tasten und die Erzählungen anderer nehmen, normalerweise helfen die Netzhaut und die visuelle Erinnerung. Doch letztlich tun wir alle, ob blind oder sehend, im Traum nur das, was wir die ganze Zeit tun: Wir schaffen uns die Illusion einer Welt. Rodolfo Llinás, ein aus Kolumbien stammender führender Hirnforscher, hat es so formuliert: »Wachen ist nichts anderes als ein traumartiger Zustand, der sich in einem Rahmen bewegt, den die Sinne ihm setzen.«

Lange gingen Wissenschaftler davon aus, dass das Gehirn hauptsächlich auf äußere Einflüsse reagiert. Llinás hingegen begreift das Gehirn nicht als offenes, sondern als weitgehend geschlossenes System – kein Glaspalast mit Panoramafenstern, sondern eine mit Gucklöchern versehene Kammer.

Ihm zufolge entstehen bewusste Erfahrungen durch ein Wechselspiel zwischen dem Thalamus und der Großhirnrinde, den thalamo-corticalen Schleifen – und zwar in einer weitgehend abgeriegelten Innenwelt. Diese Hirnschaltungen sorgen dafür, dass wir kurz vor dem Wegdämmern noch Bilder sehen, obwohl der Thalamus den Sehnerv bereits abgekoppelt hat. Nichts anderes geschieht, wenn wir wach sind: Zwar gelangen dann Sinnesinformationen zum Thalamus, doch immer noch entstehen die Bilder, die uns bewusstwerden, im Gehirn selbst. Die von den Augen eingehenden Reize wirken lediglich als Anregungen.

So sind Träume viel mehr als nur der verzerrte Widerschein des Wachlebens, für den wir sie zumeist halten. Vielmehr zeigen sie uns, welche Vorstellungen das Gehirn hervorbringt, sobald es vom Dauerfeuer der Sinne verschont bleibt. Träume sind ein Spiel mit Möglichkeiten. In ihnen durchwandern wir eine von uns selbst konstruierte Wirklichkeit, die wir dann nach dem Erwachen in der Außenwelt suchen. Vielleicht aus diesem Grund kommen wir immer wieder an Orte, erleben wir Szenen, von denen uns scheint, wir kennen sie längst aus einem Traum.

Anmerkungen

1   www.stefanklein.info/traumfilme

AHMAD MANSOUR
»Nur die Spitze des Eisbergs?«

Beinahe täglich erreichen uns Meldungen über die Verbrechen des Islamischen Staates. Der radikale Islamismus hat durch die Gewalttaten dieser Terrorgruppe eine neue Dimension erreicht. Kaum ein anderes Thema beschäftigt uns derzeit so intensiv – und es ist, leider, nicht anzunehmen, dass es damit bald ein Ende haben wird. Es steht außer Zweifel, dass wir uns mit diesem Thema auseinandersetzen müssen. Aber wie soll diese Auseinandersetzung auf fruchtbare Weise geschehen? Wie kann sie zu Ergebnissen führen, die langfristig helfen?

Natürlich ist uns seit langem klar, dass wir auch in Deutschland von der Gefahr des islamischen Radikalismus betroffen sind. Und das nicht nur, weil die Möglichkeit von innereuropäischen Anschlägen immer präsenter wird und mit den Attentaten von Paris im Januar 2015, jenem in Kopenhagen oder auch dem wiederholten Terror in Brüssel eine grausame Aktualität bekommen hat.

Betroffen sind wir aber vor allem deshalb, weil der Islamismus auch bei uns Wurzeln schlägt. Vor den Schulen und in Fußgängerzonen werben Salafisten für ihre Sache – und ihre Propaganda zeigt Wirkung.

Die Anzahl junger Menschen, die bereit sind, für ihre radikalen Überzeugungen in den Krieg zu ziehen, steigt beständig. Die offizielle Schätzung, wonach knapp 700 junge Männer und Frauen von Deutschland aus in den Dschihad gezogen sind, ist ganz sicher zu niedrig. Man muss momentan mindestens von einer Zahl zwischen 1500 und 1800 ausgehen. Auch die Zahl der Salafisten ist gestiegen. Sie liegt derzeit meiner Einschätzung nach bei etwa 10 000 Menschen. Das sympathisierende Umfeld ist aber noch um ein Vielfaches größer.

Wenn wir also von Radikalen reden, dann sollten wir zunächst einmal fragen: Von wem genau sprechen wir da überhaupt? Meiner Ansicht nach muss man, wenn man auf die Radikalen blickt, zwischen drei Gruppen unterscheiden: Ganz oben stehen Gruppierungen wie al-Qaida und der IS, deren Schreckenstaten wir auch in Europa bei Anschlägen wie in Paris oder Kopenhagen erleben. Zu diesen extrem gefährlichen und gewalttätigen Gruppierungen gehören ebenfalls Boko Haram, die in Nigeria unglaubliche Gräuel verüben, oder Al Shabaab, die in Somalia wüten, die Hamas und die Hisbollah.

Eine Stufe darunter stehen die Muslimbrüder. Auch ein Islamverständnis, wie es der türkische Staatspräsident Erdoğan vertritt, gehört in diese Kategorie.

Sehen müssen wir vor allem aber, was ganz unten in dieser Pyramide das Fundament bildet. Das nämlich sind diejenigen, die ich die Generation Allah nenne. Menschen, die unter uns leben, Jugendliche, die vielleicht sogar den Salafismus ablehnen, deren Denken und mitunter auch Handeln aber nicht mit den Werten unserer Gesellschaft übereinstimmen und nicht mit der Demokratie vereinbar sind. Diese Generation Allah bildet die Basis für den Radikalismus. Und diese Basis ist breit.

Wenn ich von der »Generation« Allah spreche, dann meine ich diejenigen, die vielleicht nicht im Fokus des Verfassungsschutzes sind, weil sie sich nicht durch gewalttätige Aktionen oder explizit antidemokratisches Verhalten als Gefährdung für unsere Gesellschaft offenbart haben, für die aber ideologische Inhalte und Werte Teil ihrer Identität geworden sind. Mitunter mögen es nur Teilideologien sein, aber bereits diese legen den Grundstein für ein Denken, das allzu leicht in Islamismus umschlagen kann.

Mit all jenen, die Geschlechtertrennung befürworten, die Gleichberechtigung ablehnen, die an Verschwörungstheorien glauben, die antisemitische Einstellungen haben, die jeden Zweifel und jedes Hinterfragen des Glaubens ablehnen, die an einen zornigen Gott glauben, der Ungläubige mit der Hölle bestraft, mit all jenen, die Andersdenkende abwerten, müssen wir uns auseinandersetzen, auch wenn sie sich nicht explizit zum Islamismus bekennen.

Gefährlich sind auch jene schleichenden Prozesse der Radikalisierung, die unsere Gesellschaft unterwandern. Von den Sicherheitsbehörden wie auch in der allgemeinen Wahrnehmung werden sie unterschätzt, weil sie sich nicht explizit eines Jargons der Gewalt bedienen. Demokratiefeindlich sind die von diesen Radikalen propagierten Inhalte aber dennoch. Auf diese Weise bereiten sie den Nährboden für Extremismus, und genau das müssen wir bekämpfen. Wenn wir erst dort ansetzen, wo der Islamismus sich in gewalttätigen Aktionen zeigt, haben wir bereits verloren. Wir müssen uns mit der Generation Allah auseinandersetzen! Denn die Generation Allah ist der Pool, aus dem die Islamisten fischen.

[...]

An dieser Stelle seien sechs Aspekte genannt, die in den vergangenen Jahren dazu geführt haben, dass die Generation Allah mehr und mehr an Kontur gewinnen und eine immer wesentlichere Rolle in unserer Gesellschaft spielen konnte. Diese Aspekte seien hier zunächst nur angerissen, bilden aber die

Voraussetzung dafür, sich die Dimensionen des Phänomens grundsätzlich vergegenwärtigen zu können.

1. Wir haben es in der Hauptsache mit Jugendlichen der zweiten bzw. dritten Migrantengeneration zu tun. Mit Jugendlichen also, die sehr viel besser Deutsch sprechen können und sehr viel stärker integriert sind, als ihre Eltern oder Großeltern es waren. Deshalb verfügen sie auch über eine größere Kompetenz und ein größeres Selbstbewusstsein, wenn es darum geht, ihre Vorstellungen offen in der Mehrheitsgesellschaft zu artikulieren. Wir haben es hier nicht mehr mit Migranten zu tun, sondern mit deutschen Jugendlichen. Das sollte man nicht verwechseln! Diese Jugendlichen sind Teil unserer Gesellschaft – und deshalb sind auch ihre Probleme und die Herausforderung, vor die sie uns stellen, Teil unserer Gesellschaft.

2. Grundsätzlich kann man beobachten, dass die Bedeutung von Religion in den vergangenen Jahren immer mehr zugenommen hat und weiterhin zunimmt. Diese Feststellung hat weltweite Gültigkeit. Die Gründe sind vor allem in dem gestiegenen Bedürfnis zu sehen, innerhalb einer immer heterogeneren, unübersichtlichen Welt auf feste Werte und Vorstellungen zurückgreifen und darin Halt und Orientierung finden zu können. Das gilt auch und gerade für Jugendliche.

3. Hinzu kommt, dass die muslimischen Länder, aus denen die Vorfahren vieler dieser Jugendlichen stammen und in denen sie häufig noch Familie haben, in jüngster Zeit regelmäßig von Konflikten heimgesucht werden. Diese medial vermittelte Instabilität, vielleicht sogar das unmittelbare Betroffensein der dort beheimateten Familienmitglieder, sensibilisiert die Jugendlichen für ihre Wurzeln, für ihre Hintergründe. Bei diesen Konflikten und Kriegen handelt

es sich häufig um politische Konstellationen, in denen der Westen, gerade die USA und Europa, schwierige Entscheidungen fällen mussten. Dass diese Entscheidungen nicht immer zu den besten Lösungen geführt haben, hat zweifelsohne zur Folge gehabt, dass die Identifikation vieler muslimischer Jugendlicher mit ihrer Kultur zugenommen hat.

4. Wenn diese Jugendlichen parallel dazu mit der Erfahrung aufgewachsen sind, von der sie umgebenden Gesellschaft ausgegrenzt zu werden, dann steigt das Bedürfnis, sich eine neue Identität zu suchen und sich auf diese Weise von der Mehrheitsgesellschaft abzugrenzen. Diese Abspaltung passiert nicht nur, weil die Mehrheitsgesellschaft sie diskriminiert, sondern auch, weil in manchen Familien die Ablehnung ebendieser Gesellschaft und ihrer Werte Teil der Erziehung ist.

5. Zentral ist zudem, dass die meisten arabischen bzw. muslimischen Länder gezielt die Missionierung von deutschen Muslimen in Deutschland steuern. Erdoğan betreibt das von der Türkei aus, Gleiches machen die Muslimbrüder von Ägypten und Katar oder die Salafisten von Saudi-Arabien aus. Es sind nicht unbedingt finanzielle Mittel, sondern Einfluss und Energie, mittels deren die Menschen hier in Deutschland erreicht werden. Zum einen funktioniert das über das Fernsehen. Das richtet sich aber vor allem an ältere Generationen. Die Regel ist aber auch, dass sogenannte Starprediger immer wieder nach Deutschland reisen und Veranstaltungen abhalten. Zudem werden Imame etwa in der Türkei ausgebildet und dann nach Deutschland geschickt.

6. Damit hängt der letzte wesentliche Aspekt zusammen: Die Anzahl von radikalen Predigern, die in Deutschland gezielt auf Jugendfang gehen, ist in jüngster Zeit enorm angestiegen. Die Prediger sprechen nicht nur Deutsch, sondern wis-

sen sich des Jargons der Jugendsprache zu bedienen. Flankiert wird ihre Missionsarbeit durch eine breitangelegte islamistische Propaganda, die im Internet verbreitet wird. Vor allem auf diese Weise werden auch Jugendliche ohne Migrationshintergrund oder Jugendliche mit nichtmuslimischem Migrationshintergrund, die bisher nicht mit dem Islam in Verbindung standen, erreicht. Auch sie zählen in Teilen zur Generation Allah.

Die Debatte über Islamismus ist momentan – notwendigerweise – allerorten präsent. Das ist unerlässlich und gleichzeitig problematisch aufgrund dessen, wie die Auseinandersetzung geführt wird. Die Diskussionen und Debatten, die ich verfolge, werden von Ahnungslosigkeit bestimmt. Von Naivität. Nicht nur innerhalb der Bevölkerung, sondern auch seitens der Politik wird die Debatte eindimensional und oberflächlich geführt. Verharmlosung ist an der Tagesordnung, wenn es darum geht, den Gründen für die Ursprünge des Radikalismus auf die Spur zu kommen. Konzeptlosigkeit herrscht dort, wo man diesen Entwicklungen entgegentreten will. Und nicht zuletzt tritt blinder Aktionismus auf den Plan, wo Panikmache betrieben wird.

Eine Debatte und eine daran anknüpfende erfolgreiche Präventionsarbeit, die künftigen radikalen Tendenzen entgegenwirkt, kann aber nur gelingen, wenn zum einen die Auseinandersetzung über den Islamismus ohne falsche Tabus geführt wird, ohne Verharmlosung und ohne eine Diffamierung desjenigen, der Dinge beim Namen nennt und auf Missstände hinweist. Sie kann darüber hinaus auch nur dann Wirkung zeigen, wenn sie als eine gesamtgesellschaftliche Diskussion geführt wird. Wir werden dem Islamismus keinen Riegel vorschieben, wenn wir eine Ihr-wir-Debatte führen. *Ihr*: die Muslime, *wir*: die demokratische Mehrheitsgesellschaft. Wir müssen angstfrei reden, und wir müssen dieses Reden in der Mitte unserer Gesellschaft fest verankern.

Der radikalislamische Extremismus hat der modernen Wertegemeinschaft, deren integraler Bestandteil Muslime weltweit sind, den Krieg angesagt. Geschürt werden diffuse Ressentiments gegen die Mehrheitsgesellschaft, und mobil gemacht wird gegen deren Werte. Das schließt die Ablehnung längst erreichter Formen friedlicher Koexistenz und wechselseitiger Akzeptanz ebenso ein wie die Kultivierung vermeintlich überwundener Ressentiments wie Antisemitismus oder Antiamerikanismus.

Natürlich lehnt die breite Mehrheit der Bevölkerung in Deutschland, der muslimischen wie der nichtmuslimischen, die menschenverachtende Ideologie des Dschihadismus ab und fürchtet seine Folgen. Dennoch stehen Politik, Bildungsinstitutionen und auch jeder Einzelne der Radikalisierung und ihren Ursachen bisher weitgehend hilflos gegenüber. Manche Lösungsansätze oder -strategien können manchmal sogar das Gegenteil bewirken. Und da, wo es sinnvolle Projekte gibt, bleibt es häufig bei einzelnen Initiativen, die keine umfassende Wirkung entfalten können.

Fraglos wäre es verfehlt zu sagen, der Islam als solcher trage die Schuld an diesen Entwicklungen. Genauso wenig hilft aber auch die gutgemeinte Verteidigung, der IS und die Salafisten würden den Islam nur vorschieben und hätten mit Religion im Grunde nichts zu tun. Wer dem islamischen Radikalismus entgegentreten will, der muss auch die Fragen nach seinem Erfolgsrezept stellen. Wo setzen die Salafisten und Dschihadisten argumentativ an? Wo liegen die Ursachen dafür, dass ihre Propaganda auf fruchtbaren Boden fällt? Wer hier nach einfachen Antworten sucht, wird am Verständnis der Generation Allah scheitern – genauso wie daran, sie auf einen anderen Weg zu bringen.

Meiner Überzeugung nach besteht eine grundlegende Gefahr des Radikalislam nicht in den Unterschieden zu einem moderaten Islamverständnis, sondern gerade in den Gemeinsamkeiten. Es gibt immer wieder Punkte, an denen radikale Islamisten anknüpfen können.

Um nur ein paar Beispiele zu nennen: Auch einige moderate Imame zelebrieren die Opferrolle von Muslimen, pflegen bestimmte Feindbilder, predigen die reine Lehre, das blinde Befolgen aller Gebote und Tabus. Mit der Behauptung, die absolute und einzige Wahrheit zu besitzen, geht das Verbot einher, Aussagen zu hinterfragen, kritisch zu denken. Neue, zeitgemäßere Deutungen des Koran, wissenschaftliche Erkenntnisse zur Geschichte des Islam dürfen häufig weder gelesen noch diskutiert werden.

Das ist eine Tendenz, die sich auch in vielen muslimischen Familien fortsetzt. Immer wieder treffe ich in meiner Arbeit auf patriarchalisch geprägte Familien, in denen nach wie vor eine auf striktem Gehorsam beruhende Erziehung stattfindet. Dies geht einher mit der Unterdrückung und der Tabuisierung von Sexualität. Hinzu kommt Gewalt in der Erziehung – auch verbal. Es ist durchaus nicht ungewöhnlich, dass manche Eltern zu ihren Kindern Sätze sagen wie »Ich werde dich schlachten« oder »Ich hoffe, der Tod wird dich holen!« oder auch »du Schwein«.

Das alles sind Aspekte einer einschüchternden Pädagogik, die für Radikale eine ideale Ausgangsbasis bildet. Denn im Verbund führen diese Faktoren zur Ausbildung von schwachen Charakteren, die kein Selbstwertgefühl entwickeln können und die infolge dessen alle Abweichungen, alles Fremde als Bedrohung wahrnehmen und mit Aggression reagieren. Wenn diese Disposition mit der Stärkung von tradierten Feindbildern einhergeht, ist der Boden für Hass bereitet. Die Zugehörigkeit zu einer Gruppe ist für Jugendliche, die einen solchen Erziehungsradius aufweisen, besonders verlockend, weil in der Gemeinschaft mit anderen das Versprechen von Stärke liegt.

Ich sehe täglich, wie und mit welchen Mitteln es sich die Radikalen mit ihrer Propaganda zunutze machen, dass gerade Jugendliche besonders empfänglich sind. Radikale islamische Prediger gehen gezielt auf Kinderfang. Und sie stoßen oftmals auf soziale und mentale Verfasstheiten, die ihnen in die Hände spielen: Jugendliche, deren familiärer, sozialer und schulischer Hintergrund nicht vermag, einen gesicherten, identitätsstiftenden und wertevermittelnden Lebenskontext herzustellen – bei Jugendlichen mit familiären Einwanderungsgeschichten nicht selten auch deswegen, weil wir ihnen in Deutschland eine echte Anerkennungskultur verwehren. Aber es sind eben nicht nur diejenigen, die sich zur Versagerseite zählen, die von den Radikalen geködert werden. Auch jene sind verführbar, deren Biographie sich von außen als Erfolgsgeschichte liest.

Die Gesellschaft ist mit diesen Jugendlichen überfordert. Wir sind mit dem, was unseren Jugendlichen droht, überfordert. Weil wir die Psychologie dahinter bislang zu wenig verstehen.

Wie aber erreichen wir diese Jugendlichen, bevor sie mit unserer Gesellschaft abschließen? Oder bevor wir sie an einen brutalen Krieg verlieren?

Ich bin überzeugt, dass es einen Weg gibt. In meiner jahrelangen Auseinandersetzung mit dem Radikalismus habe ich gelernt, welche Fehler man machen kann, welche Gegenstrategien nur noch mehr Abschottung bewirken. Genauso habe ich erfahren können, wie Annäherung stattfinden, wie Aufklärung gelingen kann. Und wie man durch eine fokussierte und konsequente Arbeit selbst diejenigen wieder in unsere Gesellschaft und in unser Wertesystem integrieren kann, die der radikalen Propaganda bereits erlegen waren.

»NUR DIE SPITZE DES EISBERGS?« 205

Im Augenblick sind die Salafisten die besseren Sozialarbeiter. Sie bedienen die Bedürfnisse der Jugendlichen. Sie holen sie dort ab, wo sie zuweilen verloren und orientierungslos stehen. Sie machen sich die Mühe, in einer Sprache zu sprechen, die diese Jugendlichen verstehen. Warum tun wir das nicht? Warum lassen wir sie tatenlos in die Fänge von Radikalen laufen, die sie für ihre menschenverachtende Ideologie einspannen?

Entscheidend ist, dass wir nicht länger reagieren und hektisch Brandherde bekämpfen. Entscheidend ist, dass wir agieren. Dass wir gesamtgesellschaftliche Konzepte entwickeln, die langfristig funktionieren und sich auf breiter Ebene mit den Problemen, Bedürfnissen und Gefahren der Generation Allah auseinandersetzen. Mit einzelnen Projekten und Initiativen, so gut sie im Einzelfall sein mögen, erreichen wir wenig.

Wir müssen die Präventionsarbeit zu einer politischen Angelegenheit erklären. Wir müssen die gesamte Pädagogik verändern. Und wir müssen das gängige Islamverständnis da reformieren, wo es Anknüpfungspunkte für den Islamismus bietet. Wir müssen in unserer Gesellschaft ein Bewusstsein für einen erweiterten Gewaltbegriff schaffen. Gewalt fängt nicht erst da an, wo sie physisch unmittelbar angewendet wird. Auch bei Polygamie handelt es sich um eine Form der Gewalt. Wenn Kindern mit Hölle und Dämonen gedroht wird, dann sehe ich darin die Ausübung von Gewalt. Wenn Frauen verurteilt werden, weil sie kein Kopftuch tragen, handelt es sich ebenso um Gewalt.

Ein zentraler Ort, an dem in dieser Hinsicht Aufklärung stattfinden kann, vielmehr muss, ist die Schule. Aber gerade in den Schulen bietet sich ein desolates Bild. Nicht nur die einzelnen Lehrer, auch die Lehrpläne sind nicht vorbereitet auf die gesellschaftliche Aufgabe, die sich ihnen stellt: die Sorge dafür, dass die Generation Allah sich nicht immer weiter von der Mitte der Gesellschaft entfernt.

Falls wir an dieser Situation nichts Grundsätzliches ändern, werden solche Szenen, mit denen ich regelmäßig konfrontiert werde, weiter zum Alltag gehören: Ein gerade achtjähriger Junge etwa, der als eine Art Amulett eine Erkennungsmarke um den Hals trägt, wie sie normalerweise Soldaten tragen. Auf Nachfrage erklärt er, dass es schön sei, als Soldat zu sterben. Oder jene Schülerinnen, die Kinder ihrer Lehrerin abschätzig als »Bastarde« bezeichnen, weil die Lehrerin nicht verheiratet ist.

Kinder brauchen ein Wertesystem, in dem sie sich orientieren können. Wir Erwachsenen sind dafür verantwortlich, ihnen eines zu vermitteln, das den demokratischen Grundrechten entspricht. Wir müssen den Kindern beibringen, andere Menschen und Menschen, die anders denken, nicht abzuwerten.

Gefordert ist hier vor allem die Politik. Politiker müssen den Mut haben, bestimmte Probleme in aller Deutlichkeit anzusprechen. Sie dürfen sich nicht länger hinter gutgemeinten, vermeintlich toleranten Formeln verstecken. Denn wozu führt es, wenn die Kanzlerin den Satz des Exbundespräsidenten Wulff aus dessen Amtszeit »Der Islam gehört zu Deutschland« bekräftigt? Pauschal wird hier vom Islam geredet. Aber welches Islamverständnis bitte ist gemeint?

Ungeachtet dieser Pauschalität werden die meisten Muslime diese Anerkennung dankbar aufnehmen. Und das ist gut so. Aber bei vielen nichtmuslimischen Menschen kann ein solcher Satz Ängste auslösen oder vorhandene Ängste verstärken. Solche Ängste darf man nicht ignorieren oder pauschal verdammen.

Natürlich gibt es Ängste, die fremdenfeindlich sind, die sich nur daraus speisen, dass jemand eine andere Religion hat oder anders aussieht. Solchen Ressentiments muss selbstverständlich entgegengetreten werden.

Es gibt allerdings auch Ängste, die man ernst nehmen muss. Wenn Menschen befürchten, dass in den Schulen kein Schwimmunterricht mehr stattfindet oder dass ihre Kinder gemobbt werden, weil sie kein Kopftuch tragen oder weil sie Schweinefleisch essen, dann sind das Ängste, denen man mit Aufklärung begegnen muss. Und zwar mit einer doppelten: Nicht nur, indem den Menschen ihre Ängste genommen werden, sondern eben auch, indem ein gängiges Islamverständnis reformiert wird, das solche Ansätze in sich trägt.

Warum es unerlässlich ist, auch in diesen heiklen Bereichen Klartext zu sprechen und keine schwelenden Konflikte klein- oder wegzureden, konnten wir in jüngster Vergangenheit anhand des Phänomens Pegida beobachten. Wenn wir uns als Mehrheitsgesellschaft dieser Probleme nicht annehmen, dann treten jene auf den Plan, denen nur daran gelegen ist, Ressentiments zu schüren und Ängste neu zu entfachen. Aus der Geschichte sollten wir gelernt haben, was passiert, wenn man radikalen Randgruppen das Wort überlässt, gerade dort, wo es um die neuralgischen Punkte der Gesamtgesellschaft geht.

Wenn ich sage, dass auch eine innerislamische Debatte geführt werden muss, gilt es zunächst einmal zu verdeutlichen, dass es *den* Islam nicht gibt, sondern dass unterschiedlichste Auslegungen des Islam existieren. Und mit aller Deutlichkeit will ich klarmachen, dass die politische Ideologie nicht zu meinem Islam gehört. Derzeit erscheint es mir, als sei es der politische Islam, der den Islam in Deutschland repräsentiert. Dieser Islam hegt einen universellen Wahrheitsanspruch, und er erhebt eine alleinige Deutungshoheit, die von Machtinteressen geleitet ist. Diesem Islam darf man nicht das Feld überlassen.

Kontraproduktiv ist es deshalb, undifferenziert davon zu sprechen, dass der Islam zu Deutschland gehöre. Das tut er nicht. Ein Islamverständnis, das mit den Werten der Demokratie vereinbar ist, gehört zu Deutschland. Die Muslime gehören zu Deutschland. Nicht aber das ideologisch aufgeladene Islamverständnis.

Denn dieser politische Islam ist nicht der Islam des Ingenieurs aus dem bürgerlichen Berlin-Zehlendorf, der mit seiner Familie das Opferfest feiert. Er ist auch nicht der Islam einer kritischen jungen Intellektuellen, die an der Universität studiert. Er ist auch nicht der Islam von all jenen aufgeklärten Menschen, die am Freitag in die Moschee gehen und beten, aber ihre Religion als Privatsache verstehen.

Der ideologische Islam ist und war übrigens auch nie der Islam meiner Mutter, die noch immer in dem kleinen arabischen Ort in Israel lebt, in dem ich geboren bin. Und es ist nicht mein Islam.

Mein Islam ist ein anderer als der Islam der Hassprediger. Er ist auch ein anderer Islam als der von Imamen, die das ganze Leben in »halal« und »haram«, in »erlaubt« und »verboten«, teilen, die denjenigen mit der Hölle drohen, die ihren Auslegungen des Koran widersprechen oder sich nicht vollends nach dem von ihnen vorgegebenen Verhaltenskodex richten.

In meinem Islam wartet keine Bestrafung, wenn ich hin und wieder ein Glas Wein trinke. In meinem Islam ist Sexualität nichts, das man unterdrücken muss. Mein Islam ist offen für Kritik. Er bereitet mir keine Angst, und er bereitet sie auch anderen nicht.

Wo hört Glaube auf, wo fängt Islamismus an? Die Grenzen sind fließend. Deshalb ist es umso wichtiger zu differenzieren. Genauso wie wir da differenzieren müssen, wo es darum geht, dass Glaube Gewalt nach sich zieht.

Wie reagiere ich, wenn mein Kind fragt, wie Gott aussieht? Schlage ich es – was in manchen Familien durchaus passiert, um den Kindern einzuimpfen, dass diese Frage absolut verboten ist? Oder antworte ich ihm, dass ich das nicht weiß, und versuche ich zu erklären, warum das eine Frage ist, die so einfach nicht beantwortet werden kann? Es ist also nicht allein eine Frage des Glaubens, sondern wichtig ist: Wo bewege ich mich auf dieser Skala zwischen Frömmigkeit und Radikalität? Lasse ich Zweifel an Glaubensinhalten zu? Fördere ich sie sogar?

Mir ist dieser Unterschied auch deshalb so bewusst, weil es eine Phase in meinem Leben gab, in der mein Denken von einem radikalen Islam geprägt war, in der ich Menschen, die meinen Glauben mit all seinen Regeln, Verboten und Überzeugungen nicht geteilt haben, abgelehnt und verachtet habe.

Gerade deshalb weiß ich, wovor ich warne. Ich habe das Umdenken geschafft. Und ich weiß, dass ich mit meinem Islam, wie ich ihn heute verstehe, nicht allein bin. Das macht Hoffnung. Aber es liegt viel Arbeit vor uns, wenn wir ein Umdenken erreichen wollen. Wir sollten beginnen.

ANHANG

TILMAN ALLERT

»Das Gesicht des Autos«, aus: ›Latte Macchiato. Soziologie der kleinen Dinge‹, erschienen bei S. FISCHER, © S. Fischer Verlag GmbH, Frankfurt am Main 2015, S. 173–182.

Tilman Allert, geboren 1947, studierte Soziologie an den Universitäten Freiburg, Tübingen und Frankfurt am Main. Nach seiner Promotion 1981 wurde er wissenschaftlicher Mitarbeiter an der Universität Tübingen und habilitierte sich 1994. Seit 2000 ist er Professor für Soziologie und Sozialpsychologie an der Goethe-Universität in Frankfurt am Main und lehrt als Gastdozent an den Universitäten von Tiflis und Eriwan sowie an der International Psychoanalytical Universitiy in Berlin. Einer größeren Leserschaft ist er mit seinem Buch ›Der deutsche Gruß. Geschichte einer unheilvollen Geste‹ (2005) bekannt geworden sowie als regelmäßiger Beiträger u. a. für die »Frankfurter Allgemeine Zeitung«, »Brand Eins« oder die »Neue Zürcher Zeitung«.

BAS KAST

»Über die lebenslange Lust an der Neugier«, aus: ›und plötzlich macht es KLICK!‹, erschienen bei S. FISCHER, © S. Fischer Verlag GmbH, Frankfurt am Main 2015, S. 119–156.

*Bas Kast, geboren 1973, studierte Psychologie und Biologie
in Konstanz, Bochum und Boston. Eigentlich wollte er Hirnforscher werden, fand es dann aber doch verlockender, sein
Leben dem Schreiben zu widmen. Er schrieb für »Geo«, »Na-
ture« und für den »Tagesspiegel«, wo er bis 2008 Redakteur im
Wissenschaftsressort war. 2004 erschien im S. Fischer Verlag
sein internationaler Bestseller ›Die Liebe und wie sich Leidenschaft erklärt‹. 2007 folgte ›Wie der Bauch dem Kopf beim
Denken hilft. Die Kraft der Intuition‹ und 2012 ›Ich weiß
nicht, was ich wollen soll. Warum wir uns so schwer entscheiden können und wo das Glück zu finden ist‹. In seinen Büchern versucht Kast psychologische Menschheitsthemen wie
Liebe, Intuition und Kreativität mit Hilfe wissenschaftlicher
Erkenntnisse neu zu beleuchten. Bas Kast lebt als freier Autor
in Berlin und Utrecht.*

GÜNER YASEMIN BALCI

»Vom Recht auf ein selbstbestimmtes Leben«, aus: ›Aliyahs
Flucht‹, erschienen bei S. FISCHER, © S. Fischer Verlag GmbH,
Frankfurt am Main 2014, S. 11–20 und 235–253.

*Güner Yasemin Balci wurde 1975 in Berlin-Neukölln geboren.
Bis 2010 war sie Fernsehredakteurin beim ZDF, heute arbeitet
sie als freie Autorin und Fernsehjournalistin. 2012 erhielt sie*

für ihre Reportage ›Tod einer Richterin‹ den Civis-Fernsehpreis. 2016 erscheint ihr Dokumentarfilm ›Der Jungfrauenwahn‹ (Arte/ZDF). Balci ist Kolumnistin für die »Stuttgarter Nachrichten«, ihre Texte erschienen u. a. in der »Zeit« und im »Spiegel«; im Deutschlandradio und Deutschlandfunk sind ihre politischen Features gesendet worden.

Ihre Bücher bauen auf den Erfahrungen ihrer langjährigen Arbeit mit Jugendlichen aus türkischen und arabischen Familien in Neuköllns sozialen Brennpunkten auf: ›Arabboy‹ (2008), ›ArabQueen‹ (2010), ›Aliyhas Flucht (2012) und ›Das Mädchen und der Gotteskrieger‹ (2016).

MARTIN SEEL

»Ist eine rein säkulare Gesellschaft denkbar?«, aus: ›Aktive Passivität. Über den Spielraum des Denkens, Handelns und andere Künste‹, erschienen bei S. FISCHER, © S. Fischer Verlag GmbH, Frankfurt am Main 2014, S. 202–222.

Martin Seel, geboren 1954 in Ludwigshafen am Rhein, ist Professor für Philosophie an der Johann Wolfgang Goethe-Universität Frankfurt am Main. Bei S. Fischer sind erschienen ›Paradoxien der Erfüllung‹ (2006), ›Theorien‹ (2009), ›111 Tugenden, 111 Laster. Eine philosophische Revue‹ (2011) sowie ›Die Künste des Kinos‹ (2013).

REINHARD LOSKE

»Vom Wenden«, aus: ›Politik der Zukunftsfähigkeit. Konturen einer Nachhaltigkeitswende‹, erschienen im FISCHER Taschenbuch, © S. Fischer Verlag GmbH, Frankfurt am Main 2016, S. 71–94.

Reinhard Loske ist Professor für Politik, Nachhaltigkeit und Transformationsdynamik an der Universität Witten/Herdecke. Zuvor machte er sich einen Namen durch seine Forschungsarbeiten am Wuppertal Institut für Klima, Umwelt, Energie (1992–1998) und am Institut für ökologische Wirtschaftsforschung (1990–1991). Er war Mitglied des Deutschen Bundestages (1998–2007) und dort unter anderem stellvertretender Fraktionsvorsitzender und umweltpolitischer Sprecher von Bündnis 90/Die Grünen. Von 2007 bis 2011 war er Senator für Umwelt, Bau, Verkehr und Europa der Freien Hansestadt Bremen.

HARALD WELZER UND MICHAEL PAUEN

»Dialektik der Autonomie«, aus: ›Autonomie. Eine Verteidigung‹, erschienen bei S. FISCHER, © S. Fischer Verlag GmbH, Frankfurt am Main 2015, S. 265–286.

Harald Welzer, geboren 1958, ist Direktor von Futurzwei – Stiftung Zukunftsfähigkeit, Professor für Transformationsdesign an der Universität Flensburg. Daneben lehrt er an der Universität St. Gallen. In den S. Fischer Verlagen sind von ihm erschienen: ›»Opa war kein Nazi«. Nationalsozialismus und Holocaust im Familiengedächtnis‹ (zus. mit S. Moller und

214 ANHANG

K. Tschuggnall, 2002), ›Täter. Wie aus ganz normalen Menschen Massenmörder werden‹ (2005), ›Soldaten. Protokolle vom Kämpfen, Töten und Sterben‹ (zus. mit Sönke Neitzel, 2011), Der FUTURZWEI-Zukunftsalmanach 2015/16 (2014), ›Selbst denken‹ (2013) und zuletzt ›Autonomie. Eine Verteidigung‹ (zus. mit Michael Pauen). Seine Bücher sind in 21 Ländern erschienen.

Michael Pauen, geboren 1956, studierte Philosophie in Marburg, Frankfurt am Main und Hamburg. Nach der Habilitation 1995 war er Professor für Philosophie an der Universität Magdeburg und lehrt nun am Institut für Philosophie der Humboldt-Universität zu Berlin, wo er auch Sprecher der Berlin School of Mind and Brain ist. Im S. Fischer Verlag hat er veröffentlicht ›Illusion Freiheit? Mögliche und unmögliche Konsequenzen der Hirnforschung‹ (2004), ›Grundprobleme der Philosophie des Geistes. Eine Einführung‹ (2005) sowie zuletzt gemeinsam mit Harald Welzer ›Autonomie. Eine Verteidigung‹ (2015).

NILS MINKMAR

»Zeit ohne Zukunft«, aus: ›Hundertvierzehn. Messeausgabe‹, erschienen bei S. FISCHER, © S. Fischer Verlag GmbH, Frankfurt am Main 2015, S. 24–29.

Nils Minkmar, 1966 in Saarbrücken geboren, besitzt einen deutschen und einen französischen Pass. Während des Studiums an der Universität des Saarlandes amtierte er zwei Semester als AStA-Präsident. 1996 promovierte er in Neuer Geschichte und wurde Redakteur der ZDF-Sendung »Willemsens Woche« in

Hamburg. Nach der Einstellung der Sendung folgte eine Phase als freier Journalist und Redakteur der »Zeit«; seit Juli 2001 Redakteur im Feuilleton der »Frankfurter Allgemeinen Sonntagszeitung«, seit 2012 Feuilletonchef der »Frankfurter Allgemeinen Zeitung«.

Nils Minkmar wurde 2012 als Kulturjournalist des Jahres ausgezeichnet. Seit Mai 2015 schreibt er für den »Spiegel«.

BYUNG-CHUL HAN

»Das Glatte«, aus: ›Die Errettung des Schönen‹, erschienen bei S. FISCHER, © S. Fischer Verlag GmbH, Frankfurt am Main 2015, S. 9–33.

Byung-Chul Han, geboren 1959, studierte zunächst Metallurgie in Korea, dann Philosophie, Germanistik und katholische Theologie in Freiburg und München. Nach seiner Habilitation lehrte er Philosophie an der Universität Basel, ab 2010 Philosophie und Medientheorie an der Hochschule für Gestaltung in Karlsruhe, und seit 2012 Kulturwissenschaft an der Universität der Künste in Berlin.

Im S. Fischer Verlag ist zuletzt erschienen ›Psychopolitik. Neoliberalismus und die neuen Machttechniken‹ (2014).

STEFAN KLEIN

»Durch die Augen einer Blinden«, aus: ›Träume. Eine Reise in unsere innere Wirklichkeit‹, erschienen bei S. FISCHER, © S. Fischer Verlag GmbH, Frankfurt am Main 2014, S. 70–87.

Stefan Klein, geboren 1965 in München, ist der erfolgreichste Wissenschaftsautor deutscher Sprache. Er studierte Physik und analytische Philosophie in München, Grenoble und Freiburg und forschte auf dem Gebiet der theoretischen Biophysik. Er wandte sich dem Schreiben zu, weil er »die Menschen begeistern wollte für eine Wirklichkeit, die aufregender ist als jeder Krimi«. Sein Buch ›Die Glücksformel‹ (2002) stand über ein Jahr auf allen deutschen Bestsellerlisten und machte den Autor auch international bekannt. In den folgenden Jahren erschienen die hochgelobten Bestseller ›Alles Zufall‹, ›Zeit‹, ›Da Vincis Vermächtnis‹ und ›Der Sinn des Gebens‹, das Wissenschaftsbuch des Jahres 2011 wurde. Seine bekannten Wissenschaftsgespräche erschienen unter dem Titel ›Wir sind alle Sternenstaub‹ und ›Wir könnten unsterblich sein‹. Zuletzt erschien ›Träume. Eine Reise in unsere innere Wirklichkeit‹ im S. Fischer Verlag. Stefan Klein lebt als freier Schriftsteller in Berlin.

AHMAD MANSOUR

»Nur die Spitze des Eisbergs?«, aus: ›Generation Allah. Warum wir im religiösen Extremismus umdenken müssen‹, erschienen bei S. FISCHER, © S. Fischer Verlag GmbH, Frankfurt am Main 2015, S. 29–43.

Ahmad Mansour, geboren 1976, ist arabischer Israeli und lebt seit 2004 in Berlin. Er ist Diplom-Psychologe und arbeitet für Projekte gegen Extremismus, u. a. bei HEROES, einem Projekt gegen Unterdrückung im Namen der Ehre und für Gleichberechtigung, und bei HAYAT, einer Beratungsstelle für Deradikalisierung. Außerdem ist er Programme Director bei der European Foundation for Democracy. Für seine Arbeit erhielt er den Moses-Mendelssohn-Preis zur Förderung der Toleranz. Er hat zahlreiche Veröffentlichungen zum Thema Salafismus und Antisemitismus vorgelegt.